语文教育的践行与反思

刘明蓉 著

西南交通大学出版社
·成都·

图书在版编目（CIP）数据

语文教育的践行与反思 / 刘明蓉著. —成都：西南交通大学出版社，2022.8
ISBN 978-7-5643-8807-2

Ⅰ.①语… Ⅱ.①刘… Ⅲ.①小学语文课–教学研究–文集 Ⅳ.①G623.202-53

中国版本图书馆 CIP 数据核字（2022）第 136707 号

Yuwen Jiaoyu de Jianxing yu Fansi
语文教育的践行与反思

刘明蓉　著

责 任 编 辑	居碧娟
封 面 设 计	原谋书装
出 版 发 行	西南交通大学出版社 （四川省成都市金牛区二环路北一段 111 号 西南交通大学创新大厦 21 楼）
发行部电话	028-87600564　028-87600533
邮 政 编 码	610031
网　　　址	http://www.xnjdcbs.com
印　　　刷	成都蜀雅印务有限公司
成 品 尺 寸	170 mm×230 mm
印　　　张	10.75
字　　　数	145 千
版　　　次	2022 年 8 月第 1 版
印　　　次	2022 年 8 月第 1 次
书　　　号	ISBN 978-7-5643-8807-2
定　　　价	56.00 元

图书如有印装质量问题　本社负责退换
版权所有　盗版必究　举报电话：028-87600562

序

我带着欣喜之情和敬佩之意，一气读完刘明蓉老师的书稿《语文教育的践行与反思》。全书共六章，围绕着当前语文教育诸多热点和前沿性问题进行思考，并作了较为深入的讨论。我相信，这些"反思"对广大语文教育工作者，无疑会有极大的启发意义。拜读刘明蓉老师集腋成裘完成的书稿，我有以下几点感受：

首先，作者善于捕捉语文教育教学中的热点、重点问题，并联系自己的语文教育教学实践进行思考分析，真正做到了"学"和"思"的紧密结合。多年来，刘明蓉老师在自己的专业发展中走了一条正确道路，即始终坚持理论联系实际的学习方法，边学习，边教学，边总结反思，并以研究的态度对待教学，关注各个时期语文教育教学的热点、重点问题，把自己的思考付诸笔端，写出了本书中这些富于见地的教育教学文章。书中，无论是"双减"政策背景下对语文教育的反思，对统编小学语文教材生态系统的梳理分析，还是对语文阅读教学范式和基于人工智能的语文智慧教学的研究等，都是目前语文教育学界备受关注的热点或焦点问题。刘明蓉老师以一线教师的身份，结合自己多年的教学经验，对这些问题作了积极的思考和回答，这是难能可贵的。

其次，作者研究语文教育教学问题具有自觉的"历史"

眼光，通过对问题的历史梳理，在分析比较中探寻正确的答案。比如，第一章"'双减'背景下语文教学的反思"，就从20世纪80年代以来国家有关部委发布的"减负"文件研读入手，对国家的"减负"政策出台的背景等相关问题作了理性的分析，不仅让人看到国家"减负"政策的连贯性，而且对"减负"政策的贯彻执行的必要性有更深入的理解。再如第二章"理念的光辉：工具性与人文性的统一"，对中华人民共和国成立后几十年我国出台的语文教学大纲和课程标准以及各个历史时期相关文献的梳理，并在此基础上，对语文的"工具性"和"人文性"属性进行了较为深入的分析研究，得出了"工具性与人文性的统一"是语文的本质属性的正确结论。作者分析道："语言的表意功能构成了语文工具性与人文性相统一的基础。语文是语言文字的产物，无论其工具属性还是人文属性，都存在于语言文字外壳中。作为人类交流工具、记录工具和文化传承工具，语言具有工具属性，语言因其工具属性而获得生命。人文性正是内含在各种语言活动、语言表现、语言产品之中的。""人类文明活动的交流、记录和传播、承袭，都以语言为媒介。任何语言产品都是一定文化内容和一定的语言形式的结合体。也就是说，语文的工具性和人文性统合于语言。语文的基本材料是语言文字，语言文字因它所承载的文化功能而有意义，而获得存在的理由。

在这个意义上，语言文字是工具性和人文性的统一体，二者相辅相成、不可分割。"这些论述由于有"历史"的印证，分析问题步步深入，得出的结论自然可信。

再次，作者研究问题具有"求实"的特点，即力图在理论问题的探讨中求得教学实际的印证。如第三章"统编小学语文教材生态系统"，讨论的问题关涉语言学、教育学、心理学等诸多理论问题，但是，作者立足小学语文的教育教学实际，论述问题决不凌空虚蹈，着力分析教材和教学案例，使理论问题得到实例的求证。再如第四章"语文阅读教学的几种范式"、第五章"语文教学的方法技能与体验感悟"等，其中涉及许多教育教学的理论问题，但是，作者以"求实"的研究态度，在理论阐述的同时，又对许多经典的教学案例作了较为深入的分析，使理论和实践高度地统一起来。

我认为，教师的学习不是从理论出发，而是从经验出发进行反思与重构。一个在一线工作的教师，积累了一定的教学经验，理论学习和对教育教学原理的掌握，都必须联系教学实践经验去进行应有的反思。美国学者布鲁克菲德说过："如果不进行批判和反思，就会总是认为事情的对与错、是与非应该按专家说的算。于是，我们就永远只能从别人那里明白做任何事的意义，于是任何时候的教学都是在实现别人的思想。"刘明蓉老师在基础教育的战线上从教近四十年，积累了丰富的教学经验。她善于学习，不断探索，不断"批判和反思"，以研究的态度对待教学，在专业发展的道路上一步一个脚印地前行，从一个普通语文教师成长为一名特级教师、省级名校长。眼前这本凝结着她心血的《语文教育的践行与反思》，既是她教学研究的成果，又是她几十年始终秉承"教育是爱的事业"的理念、把温暖的爱心献给孩子的明证。在中国，尤其在西部教育战线上，如果有更多的像刘明蓉老师这样优秀的教育工作者存在，那么我们的基础教育就必然会大有希望。是为序。

吴 俊
2022年4月写于贵州师范学院

目 录

- **第一章　"双减"背景下对语文教学的反思** ············ 001

  第一节　国家有关部委发布"减负"文件相关背景回顾 ···· 002
  第二节　近年来"减负"调研简述 ························ 009
  第三节　67年"减负"历程给学科教学的启示 ············ 014
  第四节　关于语文教学"减负"的思考 ···················· 018

- **第二章　理念的光辉：工具性与人文性的统一** ········ 021

  第一节　百年徘徊之后的明智选择 ························ 021
  第二节　语文工具性与人文性的辩证统一关系 ············ 024
  第三节　"钟摆效应"与工具人文融通并行模式 ·········· 026

- **第三章　统编小学语文教材生态系统** ················ 036

  第一节　人文主题与语文要素相结合 ···················· 036
  第二节　统编小学语文教材体系的"双线"结构 ·········· 043
  第三节　做好教材使用过程中的教学研究工作 ············ 049

- **第四章　语文阅读教学的几种范式** ·················· 057

  第一节　自主、合作、探究 ···························· 057
  第二节　综合性学习 ·································· 067
  第三节　学生课内阅读与课外阅读 ······················ 078

- **第五章　语文教学的方法技能与体验感悟** ………… 099

  第一节　方法、技能的学练 ………………………… 099
  第二节　体　验 ……………………………………… 119
  第三节　感　悟 ……………………………………… 133

- **第六章　语文教学新境界：智慧教学** ……………… 144

  第一节　智慧教学环境 ……………………………… 144
  第二节　智慧教学特征与模式 ……………………… 147
  第三节　智慧教学案例分析 ………………………… 150
  第四节　从三个课例看智慧教学的基本路径 ……… 158

- **后　记** ………………………………………………… 161

第一章

"双减"背景下对语文教学的反思

2021年7月24日,中共中央办公厅、国务院办公厅发布了《关于进一步减轻义务教育阶段学生作业负担和校外培训负担的意见》。以党中央、国务院"两办"的名义联署发布一项教育工作意见是罕见的,说明党中央、国务院对中小学生"减负"高度重视,说明"减负"已上升为国家意志。

教育部从1955年发布《关于减轻中小学生过重负担的指示》至今,已经发布了50余份以"减负"为主题,或与之密切相关的文件。我们回顾21世纪以来的"减负"要求,发现自2018年开始,"减负"力度陡然加大。先是国家七部委联合一连发布了5份有关"减负"的文件,再以"两办"名义发布"双减"文件。这说明我们的中小学生学业负担过重,已经到了非减不可的程度。

与其他所有学科一样,语文学科既是"学生学业负担过重"的受累者之一,又是担责者之一。但是,语文学科内容广博、积淀厚重,作为一个工具性与人文性交融的学科,它承载着记录和传承人类文明历史与成果的重大责任,又是其他学科所不及的。因其内容广博,教师难以制衡,不易把握规律、难以拿捏好传授分寸而导致教学烦冗芜杂、耗时费力过量,致使学生学业负担过重的情况。因此,我们的语文教师需要站在全面实施素质教育的高度,联系过往的经验、教训和成绩,深度感悟、咀嚼和消化"双减"指导思想、工作部署及其战略意义。

为此，我拟对"减负"这个中华人民共和国成立以来持续了近70年的话题进行历程的回顾与必要梳理，以期从历史发展脉络中发现和总结过重的学业负担产生的原因，"减负"的顽固阻力存在的根源，"减负"工作的经验教训，从而尝试寻找语文教学"双减"的突破口和前行的道路。

第一节　国家有关部委发布"减负"文件相关背景回顾

"减负"历程漫长，我们姑且略去相对久远的部分，从20世纪80年代开始，来研读一下国家有关部委先后发布的"减负"文件及相关背景情况。为简括起见，本书只从中华人民共和国成立以来发布的数十份文件中选择一部分，按照内容及关注点大致上可分成集中的几个阶段，每段重点选择几份文件来进行简要的分析讨论，请参看以下四份分段列表。

（一）1983—1990年

表1-1　1983—1990年"减负"文件概览

颁布时间	颁布机构	政策名称	适用范围	主要内容
1983年	教育部	《关于全日制普通中学全面贯彻党的教布方针、纠正片面追求升学率货币的十项规定》	全日制普通中学	全面贯彻党的教育方针，加强学生思想工作的开展；严格按照要求开设课程，控制学生的作业量和考试次数；保证学生的睡眠时间，保证教学研究工作的质量
1984年	教育部	《关于全日制六年制小学教学计划的安排意见》	全日制六年制小学	促进学生全面发展，布置作业要符合教学大纲和教材的要求，对不同年级的作业形式和时间做了规定，保证学生睡眠时间，改变教学效果检查形式，改革城镇和农村小学毕业考试形式：各地结合本地实际办学

续表

颁布时间	颁布机构	政策名称	适用范围	主要内容
1988年	国家教育委员会	《关于减轻小学生课业负担过重问题的若干规定》	小学	根据教学计划、教学大纲进行教学，按规定布置作业、控制考试次数，不得购买规定以外的复习资料；自习课由学生自己支配，保证学生的文体活动时间和假期休息时间，控制竞赛的次数
1990年	教育部	《重申贯彻〈关于减轻小学生课业负担过重问题的若干规定〉的通知》	小学	学校要端正教育思想，贯彻党和国家的教育方针改进教学工作，提高教育质量；对当地小学学生学业负担情况进行一次全面深入的调查，找出主要存在的问题并提出整改措施，加大减负工作的力度

这一时期，中小学校片面追求升学率的倾向愈演愈烈，学习、考试、成绩几乎成为考核学生唯一起作用的硬性指标。各类学科竞赛也推波助澜，竞赛成绩频繁与升学挂钩。升学率已成为学校领导、教师乃至有关地方官员工作绩效的标记。为了提高升学率，利用节假日补课、题海战术、滥办补习班等不妥做法、不良风气盛行。教师在课堂上为了省下总复习的时间，赶进度、满堂灌，学生根本就没有消化的时间。这种唯分数论、唯考试论的作风和氛围，以各种方式直接或间接地影响、渗入小学。

针对上述情况，教育部在这一时期的"减负"政策主要着力于控制学生作业量和考试次数，改善教育教学评估体系（如制定中小学学业负担标准），保证学生睡眠时间，注重学生身心健康水平；改革城镇和农村小学升学考试的形式；强调改进教学工作，提高教学质量。

(二) 1991—2000 年

表 1-2 1991—2000 年 "减负" 文件概览

颁布时间	颁布机构	政策名称	适用范围	主要内容
1993 年	国家教育委员会	《关于减轻义务教育阶段学生过重课业负担、全面提高教育质量的指示》	义务教育阶段学校	严格选用有关部门规定的教科书和练习资料,统筹安排作业的数量和完成作业的时间;开足开齐各类课程,严格控制考试科目和次数,学校不得分重点班;改革初中招生制度,小学毕业就近入学,不得公布学生的成绩和排名,不得以学生的成绩作为考核教师的各项标准
1994 年	教育部	《关于进一步加强中小学生竞赛、评奖活动管理的通知》	中小学	组织中小学生开展竞赛等活动必须满足依法依规、自愿参加原则;举办的竞赛、评奖活动必须严格履行报批手续,不得以各种名义收取费用,不得以教育行政部门的名义向中小学生推荐和发行各类书刊
1995 年	国家教委、中国科协	《关于停办各级各类学科奥林匹克学校(班)的紧急通知》	中小学	停止社会上举办各种学科奥林匹克学校(班)、"提高班""超常班""培训班",要严格控制各类竞赛、评奖等活动;要进一步搞好课堂教学改革,认真落实中小学课程计划,提高课堂教学效率与质量;利用媒体多方宣传,得到有效监督
1994 年	国家教育委员会	《关于全面贯彻教育方针、减轻中小学生过重课业负担的意见》	中小学	对小学生、初中生的作业量和完成时间进一步严格规定,高中作业量由各省制定;规定中小学生最低睡眠时间;不得公布考试成绩和排名;在教学上,转变教育思想、更新教育观念、严格执行有关规定、加强领导和管理、严肃纪律
2000 年	教育部	《关于在小学减轻学生过重负担的紧急通知》	小学	严格执行课程计划,规定教材的使用,布置实践性、创新性的家庭作业,控制作业时间和数量;控

续表

颁布时间	颁布机构	政策名称	适用范围	主要内容
2000年	教育部	《关于在小学减轻学生过重负担的紧急通知》	小学	制考试科目为语、数两科，成绩实行等级制度，取消小升初考试；不经批准，严禁组织学生参加各种竞赛和评比活动；对减负实行领导责任制、建立专项督导机制，加强减负的宣传
2000年	教育部	《关于贯彻落实〈关于在小学减轻学生过重负担的紧急通知〉开展专项督导检查的通知》	小学	建立专门的督导部门，制订专项督导检查方案，对本地存在的突出问题进行专项督导检查，建立和完善减轻学生过重负担的督导检查机制和通报制度，确保减轻学生过重负担工作收到实效

这个时期主要是对造成过重负担的违规操作进行控制、纠正或阻断，包括控制复习资料量、作业量和作业时间，禁止分重点班，改革招生考试制度、升学制度，严格控制竞赛、控制各类校外课外辅导班的开办，等等。教育部发布的《关于减轻义务教育阶段学生过重课业负担，全面提高教育质量的指示》明确规定：任何部门和个人都不得单纯以学科考试成绩或升学率高低评价学校和教师，更不得给学校或教学班下达学生考试成绩或升学率的指标。

这个时期值得注意的是，1999年《中共中央国务院关于深化教育改革，全面推进素质教育的决定》颁布，首次明确提出了"素质教育"这一中小学教育的基本理念和方针，但这一理念和方针在短期内一时还未成气候，人们对素质教育的性质和重要性还缺乏足够的认识。在各种阻力干扰下，基层教育行政管理部门和学校对于减负政策的贯彻实施还不够有力。这一阶段的"减负"还只是部分地、短暂地取得了一些成绩，在有的地方甚至还出现了"越减负担越重"的问题。

（三）2001—2009 年

表1-3　2001—2009年"减负"文件概览

颁布时间	颁布机构	政策名称	适用范围	主要内容
2007年	教育部	《关于不受理义务教育阶段学生参加英语等级考试的通知》	义务教育阶段	行政部门和学校不得以各种形式的考试考核作为选拔学生的依据，不得将各种竞赛成绩和全国英语等级考试成绩作为招生依据
2008年	教育部	《中小学学生近视眼防控工作方案》	中小学	规范学生的作息时间，完善体育锻炼制度，改革教学，提高教学质量、控制考试科目和次数，控制作业量，保证学生假期的休息时间，做好学生视力防护工作
2009年	教育部	《关于当前加强中小学生管理规范办学行为的指导意见》	中小学	要求完善办学行为规范，根据不同学段、不同年级、走读生和寄宿生实际情况，科学合理安排学生的学习时间和作息时间；统筹作业量和完成作业时间，加强检查，依法保障学生的休息权利

上述三份"减负"文件的共同特点是涉及比较具体的事项。文件对英语等级考试的功用进行了限制；对如何防控学生近视进行了相关安排和规定；对学校完善办学行为进行规范要求。这表明国家教育行政部门对"减负"工作不但大处着眼，在一些可能加重学生学习负担和对身体健康有较大影响的具体事项上还给予了专门的关注和相对具体明确的安排、要求。

（四）2010—2018 年

表 1-4　2010—2018 年"减负"文件概览

颁布时间	颁布机构	政策名称	适用范围	主要内容
2010年	教育部	《国家中长期教育改革和发展规划纲要（2010—2020年）》	中小学	减轻中小学生课业负担，率先实现小学生减负，明确课业负担需要政府、学校、家庭、社会共同努力，标本兼治，综合治理，把减负落实到中小学教育全过程。进行课程改革、规范招生考试制度、校外培训等方面的改革，全面策划减负
2013年	教育部	《关于开展义务教育阶段学校"减负万里行"活动的通知》	义务教育阶段学校	开展专项督查，规范办学行为、加强招生管理，规范入学秩序；完善培训管理，推动行业自律、创新工作方式，推介"身边的好学校、探索科学评价、完善考评体系、及时总结经验，全面推广典型、加强组织领导，务求取得实效
2013年	教育部	《小学生减负十条规定》	小学	阳光入学、均衡编班、"零起点"教学、不留作业、规范考试、等级评价、一科一辅、严禁违规补课、保持体育锻炼、强化督查等十项内容
2018年	教育部等四部门	《关于切实减轻中小学生课外负担、开展校外培训机构专项治理行动通知》	中小学	纠正校外培训机构"超纲教学""提前教学""强化应试"等不良行为；坚决查处中小学教师课上不讲课后到校外培训机构讲，并诱导或逼迫学生参加校外培训机构培训等行为；对存在重大安全隐患的校外培训机构要立即停办整改、对未取得办学许可证、也未取得营业执照予以坚决取缔
2018年	教育部	《关于加快推进校外培训机构管理的专项治理工作的通知》	中小学	抓紧明确责任、尽快出台方案、迅速组织摸排、准确把握政策等措施加以推进专项治理工作
2018年	教育部、发改委等六部门	《关于规范校外培训机构发展的意见》	中小学	从总体要求、明确设置标准、依法审批登记、规范培训行为、强化监督管理、提高中小学育人能力、加强组织领导等方面做了具体要求

这个时期，国家"减负"政策力度明显加大，其一个引人瞩目的特点是更着力于"标本兼治"。2010年，教育部发布了《国家中长期教育改革和发展规划纲要（2010—2020年）》明确了"减负"的重点在小学，提出了全民关心、参与减负的思想：减轻学生学业负担是全社会的共同责任；明确了"减负"的核心目标：促进学生生动活泼学习、健康快乐成长；提出了"减负"的主要措施；从体制机制、课改、招生考试、校外培训，建立中小学生学业负担检测与报告制度等各个方面、各个环节，全面"减负"。2013年，教育部发布《小学生减负十条规定》提出具有明确针对性和可操作性的十条硬性规定。2018年，教育部会同其他部门，以四部门、六部门、九部门的名义，连续下发了五份文件（表1-4列出了其中的三份）。如《关于切实减轻中小学课外负担开展校外培训机构专项治理行动的通知》，矛头直指校外培训机构的不良行为；《关于印发中小学生减负措施的通知》，明确安排"减负"措施，进一步明确强化政府、学校、校外培训机构、家庭等各方责任。

标本兼治"减负"策略显示，国家教育高层对于减轻学生负担过重政策，已从战略和战术相结合的高度，下了更大的决心，采取了更具有针对性的措施，并且积极探索更加切实有力的举措。

（五）2019—2021年

本段时期是减负工作向前推进的突出重要时期。2020年3月，教育部办公厅发布了《关于进一步加强中小学生睡眠管理工作的通知》，同年9月，教育部办公厅发布《关于坚决查处变相违规开展学科类校外培训问题的通知》，同月，教育部办公厅又发布《关于推广学校落实"双减"典型案例的通知》。这三份文件都是在继续坚持教育部一直以来减负工作的理念、原则和基本要求的基础上，下达了非常务实、针对性十分明确的工作指令，目标指向保证学生睡眠、禁止违规开办校外培训，以及推广落实"双减典型案例"这三项工作上。

到了 2021 年 7 月 24 日，中共中央办公厅、国务院办公厅发布了《关于进一步减轻义务教育阶段学生作业负担和校外培训负担的意见》。

第二节 近年来"减负"调研简述

一、与学校教育有关的部分

"减负"政策举措的不断升温，也从一个角度说明了非教育因素对素质教育的干扰、学校教育工作存在缺陷、学生学业负担过重的发展趋势，令人不安，引起党和国家领导人更为密切的关注和重视，加大力度、务求实效，"减负"的工作不容迟缓。

教育界、新闻界、社会舆论普遍认为 2018 这一年是"最严减负年"，许多人对"减负"报以热忱关怀、支持和期待。然而却也有为数不少的声音与主流认知背道而驰。甚至在两会期间，还有人贴出网文《教育部，请不要给我的孩子"减负"》，一时间引起刷屏。此类言论表明了公众中相当一部分人对应试教育的留恋和依赖，暴露了他们在教育、人才问题上抱残守缺，被传统文化中的某些旧观念牵着鼻子走。另一方面，也仍然有很多家长表示，每天陪孩子写作业，并没有感受到"减负"，还给自己增加了很多压力。一些学校教育工作者、教育研究者、师范类高等院师生、新闻工作者、社会学者等，以科学的、求实的态度和方法，深入一些城乡中小学校，做了一些科学的、卓有成效的调研工作，取得了大量第一手资料和翔实的数据，探查到我国中小学学生学业负担过重的真实情况。

本书在此引用他们的部分调研数据，以期发挥这些宝贵资料的作用，从侧面，客观地、概括地展示学生学业负担过重的情况。

1. 上海师范大学刘慧的调研报告数据及结论

上海师范大学刘慧在《小学生学业负担调查研究——以上海H区为例》(2019)中对学生、家长、教师关于小学生平均每天完成作业时间进行了调查统计(如图1-1所示)。

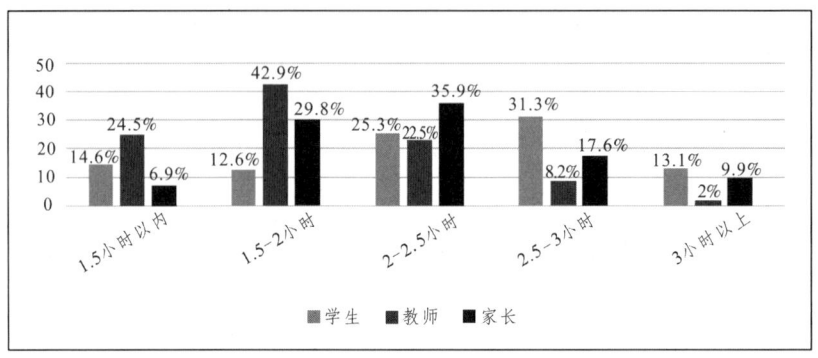

图1-1 对学生、家长、教师关于当前小学生平均每天完成作业时间的调查统计

从图1-1可以看出:

(1)42.9%的教师认为学生的正常作业可以在1.5小时到2小时内完成;

(2)35.9%的家长表示学生放学以后要写2小时到2.5个小时作业;

(3)31.3%的学生表示完成作业时间在2.5小时到3小时;

(4)13.1%的学生表示平均每天的作业时间超过3小时。

作者简评:2008年《教育部关于中小学生近视眼防控工作方案的通知》规定:"禁止给低年级学生留书面家庭作业。三至六年级书面家庭作业完成的时间不得超过60分钟。"此项对于教师、家长、学生三方面面对面的调查,其数据都说明:学生每天的作业时间严重超出国家规定时间。

图1-2反映了对学生、家长关于小学生平均每天睡眠时间的调查统计情况。

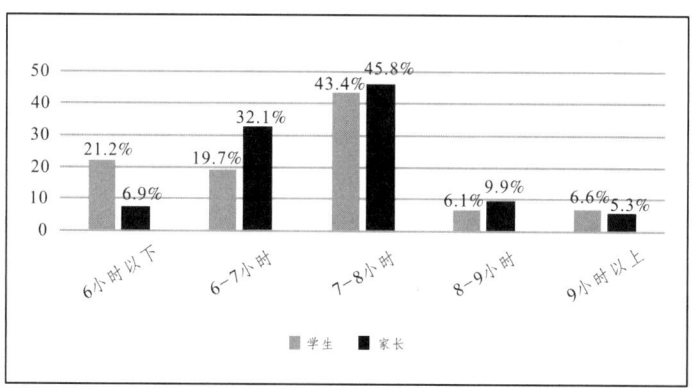

图 1-2 对学生、家长关于小学生平均每天睡眠时间的调查统计

从图 1-2 可以看出，在三到五年级的学生中：

（1）43.4%的学生认为自己睡眠时间在 7 小时到 8 小时，同样，接近 45.8%的家长认为学生睡眠时间在 7 小时到 8 小时。

（2）有 96 名学生的睡眠时间在 8 小时到 9 小时，占总人数的 19.7%。

而仅有 6.9%的家长认为自己的孩子睡眠时间在 9 小时以上。

作者简评：教育部办公厅《关于进一步加强中小学生睡眠管理工作的通知》规定："小学生每天睡眠的时间应达到 10 小时。"

此项对家长、学生直接的面对面的调查，其数据说明，绝大部分被调查的小学生睡眠时间没有达到国家规定的标准。

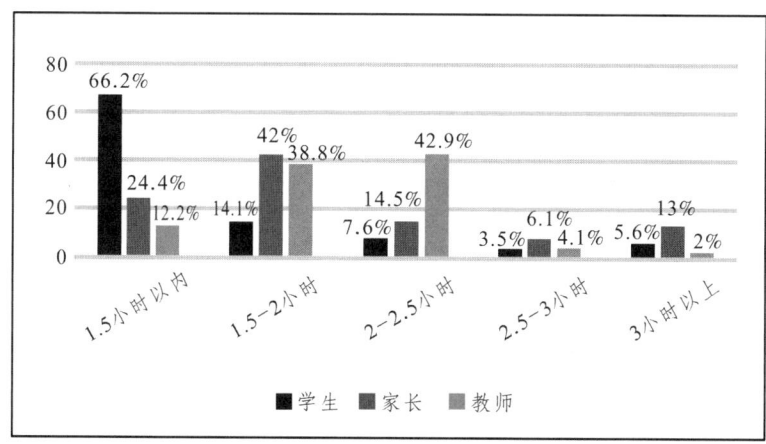

图 1-3 对学生、家长、教师关于小学生平均每天娱乐时间的调查统计

可以看出：

（1）42.9%的教师认为学生娱乐时间在 2 小时到 2.5 小时之间；

（2）2.42%的家长认为学生娱乐时间在 1.5 小时到 2 小时；

（3）学生调查结果显示，有 66.2%的学生认为娱乐时间在 1.5 小时以内，只有 5.6%的学生认为平均每天的娱乐时间超过 3 小时。

简评：大多数学生每天的休息娱乐时间不足 2 小时，睡眠时间大多数也不足 10 小时，显示校内外学习、写作业时间过长。这会影响孩子的身体健康。

2. 广西师范大学杨伟锋调研报告结论

2019 年 3—5 月，广西教育厅组织相关部门对全区中小学生学业负担情况开展全面调研。广西师范大学杨伟锋参与其中，赴示范性高中、一般高中，城区初中、小学，乡镇及农村初中、小学，以直击现场的多种方式与受访者交流获取信息。杨伟锋从实地调研中获取丰富翔实的数据和文字材料，同时也得到其他调研组提供的数据和相关文字材料。杨伟锋对事实和数据进行了分析论证，提交了调研报告《广西中小学生学业负担调查研究》。报告认为，导致广西中小学学生学业负担过重的原因大致归结为三个方面：

第一，学校办学应试倾向加重学生学业负担。

第二，家庭不合理的期望加重学生学业负担。

第三，校外培训机构的不规范办学行为加重了学生学业负担。

上述引用调研成果的上海、广西两地，大致上可以代表我国经济与文化教育发达和欠发达地区的情况，其调研成果应具有较大代表性。

二、与校外培训机构有关的部分

2022 年年初两办所发《关于进一步减轻义务教育阶段学生作业负担和校外培训负担的意见》中所述"校外培训"，是指在接受正常的中小学校教育之外，在校外进行的教学或补习活动，其内容包括语数外等文化课程内容，以及与艺体相关的内容。

中国教育学会曾于2017年发布《中国辅导教育行业及辅导机构教师现状调查报告》，显示2016年课外辅导市场"吸金"超8000亿元，其发展规模、经济效益非常引人关注。然而在这赫然的成就后面，却隐藏着一系列违背国家政策、法规的行为。按照国家规定，课外培训机构应该以"非学历教育培训"为主业，扮演学校教育的"补充"角色，在"满足中小学生选择性学习需求、培育发展兴趣特长、拓展综合素质"方面发挥积极作用。然而，很多中小学校外培训机构着眼经济效益，追求短期成效，以"应试"为导向，组织授课和课程复习补习、作业训练，推销、滥发各种练习参考等资料等，严重违背了素质教育的根本宗旨。

课外培训机构有无办学施教的能力？据调研报告揭露，其中一个突出的问题是师资力量不足、质量不佳，它们在虚假宣传中惯于以虚报师资力量来吸引大量学生家长和学生。

贵州师范大学杨贞兰在她的调研报告《中小学校外培训机构治理的困境及对策研究》中写道：

在调研中发现虚假广告、过度宣传现象仍然存在。如夸大师资力量，为吸引家长的注意力，会为教师增添一些本没有的履历……很多校外培训机构在宣传师资力量时，都会进行夸大，比如说内部教师都是有很多教学经验的优秀教师，以及有名师教学，但实际上有很多教师是刚开始接触教学。

贵州师范大学姚馨在其调研报告《小学生课外补习现状调查研究——以贵阳市某小学为例》（2015）中写道：

校外培训机构管理者也谈到，中小学校外培训机构的教师还是比较紧缺的，取消未取得教师资格证的教师授课权限，会造成培训机构的损失……部分培训机构为培训教师塑造虚假"人设"，使用教师"化名"，其学习经历、留学信息、学历信息、科研项目等情况均无从查询。

师资力量如此拼凑，滥竽充数，能教好学生吗？

姚馨的报告依据事实和数据，厘清了滥办小学课外补习五个方面的"负向功能"：

（1）增加学业负担与心理压力；

（2）对课外补习班过度依赖，忽视学校主流教育；

（3）违背学生自愿学习的原则，使学生对学习产生厌恶情绪；

（4）过高的课外补习费用，给家庭经济带来负担；

（5）学生之间、家长之间相互"攀比"现象严重。

2018年年初，教育部办公厅等四部门发布了《关于切实减轻中小学生课外负担开展校外培训机构专项治理行动的通知》，启动了对校外培训机构的整治行动。不久后，又出台了《国务院办公厅关于规范校外培训机构发展的意见》，进一步安排和推动校外培训机构的整治。贵州省各市县、区在校外培训机构专项治理行动中，共查处了4448所有问题的校外培训机构，对这些校外培训机构进行了整改，整改率高达78.44%。

到了2021年7月24日，中共中央办公厅、国务院办公厅发布了《关于进一步减轻义务教育阶段学生作业负担和校外培训负担的意见》，在更新、更高的起点上督促、指导、部署了"双减"的工作。

第三节 67年"减负"历程给学科教学的启示

一、认识教育系统、教育工作的超级复杂性

叶澜教授认为："教育是人类社会所特有的更新再生系统，可能是人世间复杂问题之最。"[①]

---

① 叶澜：《世纪初中国教育理论发展的断想》，《华东师范大学学报》，2001年第3期，第3页。

作为一个社会必不可少的系统，教育不是孤立生存的，而是存在于自然生态系统、社会物质生产系统、社会政治系统、社会文化系统之中的。在这个超大系统中，教育作为一个独立子系统，与各子系统的联系和相互作用，是多方面、多渠道、多层次、多性质和多变化的，这就呈现出非常复杂的状态。在社会历史的演进中，政治、经济、文化的巨大发展和变迁，往往都会激起教育变革的火花。

现有教育水平与社会发展需要之间的矛盾是一个永恒的矛盾，也是推动教育改革、发展的动力。改革、发展、创新，是社会发展对教育提出的必然要求。经济社会以及文化层面的某些要求得不到解决，也可能会在教育系统找到泄出口。教育系统几十年"减负"要求，其实质乃是教育运作状态与社会政治经济文化发展的要求（其中最重要的是人才培养、科技发展的要求和强大的就业压力）之间的不适应所引起的。

二、认识学生学业负担过重的主要动因

学生、家庭、教师及中小学校、校外教育培训机构五方共同构成了中小学生"减负"的利益相关者群。

在这五方中，学生处于中心地位，是教育工作的对象。但实际上学生却很少有机会为自己发言，在校内校外的教学训练中，课怎样上、书怎么读、作业怎么做，都是老师安排的。人们总是认为训练越多对知识能力的掌握就越好、成绩也就越好，因此，学生难免会遭遇负担过重的情况。

家长代表学生说话，但其见识、观念却常常是有缺陷的，他们中很多人受旧观念、旧习惯濡染很深，望子成龙，巴不得学校和教师把孩子管得紧点，多做多练。所以家长也常常在客观上充当了学生负担过重的推动者。

教师在这一矩阵中举足轻重。教师们含辛茹苦教育学生，希望每个学生都有好成绩。然而教师们的教学工作并不总是得法的、有效的，教师教育职业修养的不足、教学观念的偏向和教学工作策略、方法、技术的缺陷，也是学生学业负担过重的一个根源。

校外培训补习学校，本应扮演好"学校教育的补充"角色，但由于"利益驱动"的动机，以及在此动机下的短期行为模式，常常追求"立竿见影"的效果以便树立其形象，这种不够纯正的教育动机，以及不恰当的教学处置，是导致学生学业负担过重的一个重要原因。

还有一个没有直接进入利益相关者群，却对教育工作负有领导、支持作用的实体，就是各地教育行政部门。教育行政部门贯彻上级减负指令的态度和推行实施的力度，在很大程度上影响了减负工作的成效。

三、认识负面教育观、人才观、职业观对教学行为的干扰

（一）功利主义下的教育价值观和狭隘的人才观

"书中自有黄金屋、书中自有颜如玉""十年寒窗，金榜题名"，追求功名利禄、光宗耀祖，是我国由来已久、根深蒂固的文化心理。这种对成绩、结果的异常看重奠定了中小学生学业负担过重现象的深层社会心理基础。其对教育的影响仍未完全消散。

"学而优则仕"的传统人才观也使得社会对"人才"的观念狭隘化。"高学历"并不能涵盖人才的全部类别和要求，一个社会需要的是各种素质、特长和不同层面的人才。建造一台高端精密仪器，有了精妙的设计师，还得有技艺高超的工程师和工匠。因此我们的教育应该是种类齐全、层次分明和功能丰富的。然而，在很长一段时间里，学生都围着高考指挥棒，去挤高考独木桥。这种情况下，学业负担自然不轻。

（二）以苦为乐、以苦为优的学习观

吃苦耐劳这种中华民族的传统美德，已深深扎根于传统文化观念之中。这种思想折射到教育领域，就形成了读书人的苦学观。"吃得苦中苦，方为人上人"，悬梁刺股、凿壁借光的故事被视为学习榜样。学习者确实需要勤奋刻苦的精神，但现代社会的学习强调苦学，更重视会学、巧学、科学地学；要改进学习的方法，提高学习效率。但苦学精神被无限地扩大，成了中国传统学习理论的核心。在这种观念支配下，加重学生学业负担不但无可非议，反而值得称道。不但社会认同、家长赞成，而且学生为了前程，再苦再累也得去做，否则，就可能被指责为不求上进，无可造就。

（三）过度渲染生存竞争、就业竞争和人才竞争，忽视人的全面发展

一个典型的例子就是那句引起很多人教育焦虑的口号"别让孩子输在起跑线上"。这导致一些人从幼儿园开始就让孩子超前学习。有些家长在孩子小学低年级起就要求孩子取得高分数，取得好名次，孩子成绩不靠近100分就紧张。这样的教育违背儿童身心发展规律和认知特点，剥夺了儿童的快乐的童年时光，给孩子增加了一些不该有的心理负担。

北京大学中文系温儒敏教授（统编小学语文教材总主编）专门写了《"不要输在起跑线上"是个误导》一文[1]："'不要输在起跑线上'是错误的口号，并没有经过科学论证，几乎成为'集体无意识'了。不能让孩子人生伊始就绷紧神经参与快跑竞争。童年的'价值'不只是为将来的生活做准备，童年本身也是'生活'，而且是人生最美好的一段生活，童年如果负担太重，不快乐，就失去了人生美好的序曲，对于将来也会有负面影响的。"

---

[1] 王庆环：《北京大学教授温儒敏：所谓"不要输在起跑线上"是误导》，《光明时报》，2010年2月23日。

第四节 关于语文教学"减负"的思考

语文教学因其复杂性,其"减负"是小学教育各学科中难度最大的一科。笔者认为,语文"减负"的筹划实施,思路大概应该将"减什么"作为切入点,以"课标"对语文课程的基本理念、课程目标、实施要求(实施建议)的阐述作为取舍的依据,结合语文教学的现状,进行总结和分析筛选,形成"减什么"的明确认识。在此基础上再研究"怎么减",进行有针对性的改革或改进。2001年课程改革以来,广大语文教师在教学实践中探索出了不少新的教学模式,形成了一系列体现课改理念的教学规范,如"文本细读""讲深讲透""拓展延伸""平等对话""合作探究""自主研读""激疑释疑""初读感知""精读领悟"等。语文教师怎样正确理解这些教学"规范"的内涵、特点和优势,更好地发挥它们的作用;怎样体现课程标准理念和实施要求,把握分寸,不滥用,避免给学生的学习带来过重负担,做到既减负、又保质,这是笔者近年来一直研究的一个课题。

笔者工作在一所一校三区的大型实验学校。由于城镇化的不断发展,学校新聘用教师急剧增加。学校又承担着对一些农村学校结对帮扶的扶贫任务,接触了大量农村学校的语文教师。可以说,很多语文教师对上述课改后语文教学模式,只知其然,不知其所以然。不少语文教师的课堂教学,强调学生"精读领悟",平均用力,平铺直叙。整个课堂不分轻重缓急地从头唱到尾,用忽略重点的琐碎赏析来代替文本精读,一篇精美的文章被老师讲得索然无味。

小学语文教学的解析"深度"应该是有限制的度,即教学内容及其处理应当符合"义务教育课程标准"规定的总目标和特定学段目标的要求,照顾到小学生的知识基础和认知特点。阅读教学中的"过度解读"在实际教学中时有发生。有的教学脱离小学生生活经验、认知基础和兴趣爱好,从浅显的故事里引申出人生哲理、审美价值、历史意义,等等。部分课堂过度拓展延伸,把语文课上成了思想政治课、人生修养课，偏离了一堂语文课应该达成的教学目标。此类教学也是增加学生负担的一个原因。

　　语文学习讲求一个"活"字，就是说语文知识要学得活。一是意义理解上的"活"，二是实践应用上的"活"。汉语词汇丰富，词语的内涵往往开阔隽永，每个词既有稳定的基本内涵，其意义又在不同语境下发生变化。其中包括语义、语气、褒贬色彩、文化品位等，都会有某种不同。因此，语言的应用常常是细腻而讲究的，如果只是读背强记，就可能导致画地为牢。有些教师忘记了"教材只是个例子"（叶圣陶先生语），把某一篇课文当作学习掌握语言的标准参照，以为学生只要把课本中的词语、句段、全篇内容学会了、记牢了，就等于学好了。所以，他们往往会选择课文中的一些词语、句子，乃至段落、全文，要求学生记诵。这种单纯依靠抄写背诵的学习忽略了语言的应用功能实践性。《义务教育语文课程标准（2011年版）》中多次强调语文学习的"实践性"，倡导让学生在语言应用中学习语言。《义务教育语文课程标准（2022年版）》中说："语文课程是一门学习国家通用语言文字运用的综合性、实践性课程。""工具性与人文性的统一，是语文课程的基本特点。"语文课程的实践性特点，决定了我们在语文教学中要重培养学生的语文实践能力，而培养这种能力的主要途径也应是语文实践。在语文教学中盲目强记、过度倚重典型范文的示例作用是不恰当的。

　　"教教材"固然是语文教学中的重要手段，但语文作为一门课程，其内涵是一本教材无法比拟的。课程标准从课程的视野来确立标准、教材遵循、依据课程标准要求来编配课文。正如叶圣陶所说的"语文教材无非是一个例子"，语文教学使用教材，目的是举一反三、拓展延伸，融会贯通，让学生通过教材的学习，从内涵和外延诸方面去接触更多的语文作品，积累语文知识、形成语文能力。因此，不能企望一篇教材能够以一当十，用反复背诵和抄写，以及繁复的作业训练的方式，来把教材"炖得稀烂"。

以上尝试对二十年来形成的语文教学操作"规范"中的部分环节进行了讨论，让我们意识到，语文教学中的学生负担过重，有的可能来自我们对一些久习成癖的经验、规范的片面理解和不当使用；也有因为随着时代的变迁，社会文化教育环境和物质技术条件的进步本身已经变得不十分适应教学需要，需要我们加以选择或改造，才能更好地发挥作用。毫无疑问，语文教学"减负"的路径之一，是对传统积习进行重新认识，进行改革与创新。当然这需要相当长期的研究、探索、试验和艰苦的努力。

这里需要指出的是，中共中央办公厅、国务院办公厅《关于进一步减轻义务教育阶段学生作业负担和校外培训负担的意见》同时要求："学校要充分用好课后服务时间，指导学生认真完成作业，对学习有困难的学生进行补习辅导与答疑，为学有余力的学生拓展学习空间，开展丰富多彩的科普、文体、艺术、劳动、阅读、兴趣小组及社团活动。"我们既要减轻学生语文学业负担，又要开展丰富多彩的"阅读"活动，这一课题又摆上了我们的案头。

我们怎样来梳理、厘清许多年来语文教学养成的习惯、形成的定式、默认的"规范"，才既有助于语文教学纠正错漏缺陷，遵循课程标准，提高教学质量？才有利于语文教学的"减负"与开展阅读活动，提高学生综合素养？笔者将在后面的章节中回顾百年语文教学的历程，探寻新时代语文教学科学化的路径。

第二章

理念的光辉：工具性与人文性的统一

第一节　百年徘徊之后的明智选择

中国古代教育，从严格意义上说，只有综合性的人文教育，没有独立的语文教育。这种教育传统以反映人文知识体系的经学教育为本，以反映自然科学知识体系的专业技术知识为辅。1904年颁布的《奏定初小学堂章程》所设置的课程（必修科及随意科）必修科为修身、读经讲经、中国文字、算术、历史、地理、格致、体操等8科；随意科为图画、手工，依地方情形再设一科或两科。从此，才有了分类清晰的学科课程，但是，课程目标定位仍然比较模糊。到了中华人民共和国成立之初，百废待兴，教育亦然。当时的语文教育在各种思想浪潮的冲击和干扰下有些"找不着北"，在缺乏对自身学科定位、课程目标、课程设置等重要问题的清醒完整认知中踽踽而行。

中华人民共和国成立前的数十年间，西方科学主义思潮在中国科教文化领域独领风骚。当时，有"联合国百年世界文化伟人"之称的吴稚晖说："足以当教育二字之名义者，惟有理化机工等科学实业也。以彼皆日促新理新机之发明，造成世人之幸福，使世界进化者也。"他认为堪称教育的，唯有理化机工等科学实业，他甚至认为"并无物质以外之精神"[①]。以实用主义、功利主义为价值取向的教育观否定了民族、国家教育事业的人文渊源和内涵。新中国语文教育在片面的、

[①]《吴稚晖全集》（第1卷），九州出版社2013年版，第123页。

含混的观念上起步并艰难跋涉。关于教育教育自身的性质、内涵、特点和定位，历经一次又一次的讨论、争辩，以及国家教育方针政策上的调整，一点一点地披沙掘金，不断进步。

1956年，教育部颁布中华人民共和国成立后第一部《语文教学大纲》，从"认识社会生活"和"进行社会主义教育"两方面来概括语文学科的性质和功能。这种概括渗透了浓厚的政治思想教育意味，只触及语文教育的部分功用。

1963年，教育部颁布《全日制中学语文教学大纲》，将语文学科界定为"学习各门学科的基础工具"。这里明确提出了语文学科的"基础工具"性质，较之以前是一个进步，尽管这一认识仍然还有局限性。

1978年，教育部颁布《全日制十年制学校语文教学大纲（草案）》，重申"语文是从事学习和工作的基础工具"。这显示了近二十来年中，教育事业独有的性质功能逐渐被人们领会，基础工具作用得到了明确的认可。此后一段时期，语文教育的理论和实践突出了语文教育的实用功能，然而被忽略掉的另一功能——人文性仍潜藏着，它虽然没有发声，但仍然在几乎所有的语文活动和语文作品中呈现着。

时光进入20世纪80年代。

1987年8月，申小龙在《读书》杂志上发表了《汉语的人文性与中国文化语言学》，突出地提出了汉语人文性的问题，引发强烈关注，就此开辟了一个语文教育研究的崭新视野——人文视野。申小龙还陆续出版了《中国语言的结构和人文精神》（1988）、《中国文化语言学》（1990）、《语文的阐释》（1991）等多部著作，阐述了汉语言与汉民族文化的渊源和共生关系，以及它对社会生活各个方面的影响。期间还有多位学者和关注者不断撰文发声，讨论汉语语言的人文性问题。这些学者的潜心研究给我国当代语文教育的科学定位和健康发展做出了突出的贡献。

1987年9月，陈钟梁在《语文学习》上发表了《是人文主义，还是科学主义？》一文，明确打出语文教学人文性的旗帜。他指出："现代语文教学发展的趋势，很可能是科学主义思想与人文主义思想的结合。"这是有预见性的。

1993年，韩军在《语文学习》第1期上发表了《限制科学主义，弘扬人文精神》一文，主张在语文教学中强化"人"的地位。

1995年6月，于漪在《语文学习》上发表了《弘扬人文，改革弊端——关于语文教育性质观的反思》。于漪认为："语文学科作为一门人文应用学科，应该是语言的工具训练与人文教育的综合。"作为语文教学一线教师，于漪的教育专业素养和开放的视野引人注目。

在众多学者、语文教育研究者和语文教师持续不断的追问下，人们对语文教育本质属性和特征的认知逐渐清晰。

1996年，教育部组织专家编写的《语文教学大纲》对语文的学科性质有了新的界定："语文是最重要的交际工具，也是最重要的文化载体。"首次以权威文件的方式，确认了语文教育的文化载体功能，这是一个突破性的进展。

1997年，《北京文学》以"忧思中国语文教育"为题发表了一组谈论语文教育的文章，分别是邹静之的《女儿的作业》、王丽的《中学语文教学手记》和薛毅的《文学教育的悲哀——一次演讲》。这三篇文章披露了语文教育许多深层次的积弊：沉重的作业负担、荒谬的作业题目、陈旧落后的教材、程式化的作文教学、文学作品教学越来越工具化、用刁钻的字词题目为难学生，在当时的语文教学下学生缺失对人物命运的同情心和人道主义精神。三篇文章直指语文教学的深层弊病——片面强调倚重"工具性"，忽视语文教学的人文教育内涵。这些都引起了人们强烈的关注，自此拉开了对语文教育全面、广泛而深刻的社会大讨论。

这场发生在20世纪末期的大讨论被称为"世纪大讨论"，参与人数之多、持续时间之长，社会影响以及对教育文化领域触动之大，是中华人民共和国成立以来从未有过的。这次讨论推动了国家决策层领导教育的改革步伐，推动了素质教育的部署和推进。之后，我国教育事业发生的新态势、出现的新气象，证明了这次讨论的影响绝不止于语文学科的范畴。

1998年12月，教育部发布《面向21世纪教育振兴行动计划》。1999年6月，中共中央、国务院发布《关于深化教育改革全面推进素质教育的决定》。

2001—2003年，教育部先后颁布《全日制义务教育语文课程标准》《普通高中语文课程标准》，至今课程标准又经过了《义务教育语文课程标准（2011年版）》《义务教育语文课程标准（2022年版）》两次修改制订，对语文课程性质及地位做了如下阐述："语文是一门学习国家通用语言文字运用的综合性、实践性课程。工具性与人文性的统一，是语文课程的基本特点""工具性与人文性的统一，是语文课程的基本特点"。这是几十年关于语文教学属性、特点的讨论以来，对于语文课程特性的最精要最明确的概括。语文课程标准从2011年前出台及后续修订，直到2022年修订版公布，一直保留了这个表述。

《义务教育语文课程标准（2022年版）》对语文教育特质与地位的界定，结束了关于语文教学"工具"与"人文"关系地位的长期讨论，也为语文教学中人文精神的回归提供了理论支撑，指明了努力方向。

回望近代吴稚晖等人以科学睥睨人文，宣称"足以当教育二字之名义者，惟有理化机工等科学实业"且"并无物质以外之精神"，将教育完全视为科学实业技术训练，从那时开始至今，中国文化教育界整整用了百余年的时间，经过反复的磋磨、探讨、争论，才克服了唯科学主义、唯实用哲学下的片面语文教育观，以及语文作为思政教育工具的倾向，形成了较为成熟的、工具性和人文性相统一的语文课程核心理念。

第二节　语文工具性与人文性的辩证统一关系

语文的工具性是客观存在的，它是民族语言文化诞生发展漫长历程中逐渐发展成熟的一种固有功效和属性。语文工具性独特地表现出了作为自身功用的词汇、词法、句法、语法，文法、章法、修辞，及其语言规律和内在逻辑。然而所有这些要素及它们相互之间有意义的联结，都只是在它们一次次地被用于记录、承载、融汇、思考、传递和承袭人类文化活动内容和精神世界的时候，才逐渐成形、逐渐成为有用之物的。文化学术界、语文教育界在数次发生的"文道之争""人文与工具"之争中，许多学者、教育家、一线教师，都批评了那些完全用实用标准来看待语文、忽视语文人文内涵的错误倾向。这种倾向促动和加剧了中小学教育中要求学生大量抄写、背书、应考，把语文课变成烦琐分析、机械训练、标准化试题等项目的技术培训课。这些单纯突出技能学习训练的做法破坏了语文的整体性，不仅不能给予学生人生意义的感悟、精神上的熏染和美感上的陶冶，更偏离了学生义务教育阶段的认识基础和认知规律，使语文这门本应是最具美感、最具灵性的学科变得索然无味。

"人文性"之论不是对语文"工具性"的否定，只是对"工具论"者试图把语文学科"工具化"的一种有力反拨。它是解决语文教学"人文"与"工具"百年争端、切断二者此消彼长钟摆效应、打开制约语文教育健康发展之锁、匡正语文教育发展道路的金钥匙。这条道路应是一条"工具"与"人文"融通共处，形成教材统一价值，学生可以"在整合理解时从中各取所需，在各取所需中又整合理解"的道路。

语言的表意功能构成了语文工具性与人文性相统一的基础。语文是语言文字的产物，无论其工具属性还是人文属性，都存在于语言文字外壳中。作为人类交流工具、记录工具和文化传承工具，语言具有工具属性，语言因其工具属性而获得生命。人文性正是内含在各种语言活动、语言表现、语言产品之中的。

从另一个角度来说，人类文明活动的交流、记录和传播、承袭，都借助语言为媒介。任何语言产品都是一定文化内容和一定的语言形式的结合体。也就是说，语文的工具性和人文性统合于语言。语文的基本材料是语言文字，语言文字因它所承载的文化功能而有意义，而获得存在的理由。在这个意义上,语言文字是工具性和人文性的统一体,二者相辅相成、不可分割。有人将此类比于皮毛关系:"皮之无存,毛将焉附?"

语言和各种社会文化元素结合在一起,又深刻地影响着文化的发展,这本身就是人类文化的独特产物和奇观。正是因为二者特性的不同,所以他们是统一而对立、对立而统一的。人们常说的"文道统一",其实质也就是语言及其文化内涵之间的统一关系。语文教育大家叶圣陶先生曾说:

> 在语文教学中,我们认为"道"与"文"是不可分割的……无论说"以道为主""以文为主"或者"道与文并重",都是把"道"与"文"割裂开来,既不符合思想内容与语言形式不可分割的实际,也不符合培养读写能力的教学实际。那样理解"道"与"文"的关系,在教学实践中会有很大的流弊。
>
> 分主次,分先后,都是不对的了。分主次的一种想法是以语言形式为主,以思想内容为次,这样一一割裂,主次都搞不透。分先后的一种想法是以语言形式为先,思想内容为后,那么在注重语言形式的先一阶段,势必凭空而不落实。[①]

叶圣陶的这些话已成为对"文道关系"的经典阐释。它指出了将语言内容和语言形式分割,分先后、划主次的意图都是荒唐的。深刻理解了语言人文的这种辩证统一关系,在语文教学中处理好二者关系就有了良好的逻辑基础。

第三节 "钟摆效应"与工具人文融通并行模式

语文教学的性质属性是"工具"的还是"人文"的?人们对其认

---

① 叶圣陶:《答曹承德》,《叶圣陶集》第13卷,江苏教育出版社1992年版。

识和讨论的钟摆时而倾向那方,时而倾向这方,这种现象被称为"钟摆效应"。这种现象有其内在的原因,大体有以下几方面原因。

一、造成钟摆效应的困境在于没有形成成熟的教学模式,教学缺乏切实的可操作性

关于语文教学应重视人文内涵、工具人文并重的问题,早在20世纪五六十年代就有人提出来过,只是没有得到重视。1976年"文化大革命"结束,全国各行各业都在拨乱反正。1977年,全国中小学教材编写工作会议提出"要十分重视和精选基础知识,为了加强基础,必须重视基本技能的训练"。延至以后的20多年中,语文教育界的注意力较为专注地投到语文的工具效用上。

从1987年到1997的十余年间,从申小龙发表《汉语的人文性与中国文化语言学》等一系列文章,到陈钟梁、韩军、于漪等人陆续发文讨论。"认识和重视语文文化属性"这一思想主张一直在教育文化界及更多领域酝酿着,但影响力仍然有限。直到1997年《北京文学》发表三篇文章引发语文教学"世纪大讨论"后,事情才开始有了根本的变化。1998年12月,教育部发布《面向21世纪教育振兴行动计划》。1999年6月,中共中央、国务院发布《关于深化教育改革全面推进素质教育的决定》,推动了语文课程改革。2001年、2003年,教育部先后发布《全日制义务教育语文课程标准》《普通高中语文课程标准》,明确了语文课程的性质地位:"语文是最重要的交际工具,是人类文化的重要组成部分。工具性与人文性的统一,是语文课程的基本特点。"

至此,语文教学的"人文性"才得到国家权威文件的认可,正式以主角之一的身份进入语文教学课堂。这20年间,由于多方面原因,更由于要理顺"工具""人文"二者的教学关系,进行分寸适度的、有质量的、师生能获得良好课堂体验的教学,其难度还是比较大的。从课程标准认可语文是"工具性"与"人文性"统一以来的20年间,语

文教育界在学习和实践中进行了艰苦而持久的努力，已经取得了令人瞩目的进展。但如果要从经验的成熟、理论的完备、操作"模型"的建立以及评价标准的确立等角度来看，尚有不小的距离。就是说，它的规律性、可操作性，包括评价标准，都仍是比较模糊的。这就意味着语文的人文特性、教学文本的人文要素要在语文教学园地中安营扎寨，上升到与语文工具性、语文要素同等的地位，还需要我们语文教师的继续努力。

人文内容、人文元素在语文教学中的呈现和被感知，有赖于情感与认知的融合，即激活蕴藏于文本中的精神情感因素，赋予教学内容以个人体验意义。然而，在"唯工具论"思想影响下的教学中，语文应用功能的彰显和被赋予认知的突出地位，常常是以忽略精神、情感元素为代价的，有的教师教学中常常忽略人文内涵方面的内容也就不奇怪了。

语文工具性因素，如字词句的意义、表达使用，段落文章内容的理解、复述等属于语文基本功的那些语文要素，都是语文考试必考或常考的内容，自然会得到老师学生更多重视。

在语文教学中如何在对语文形式（即字词句段等）的讲析中恰到好处地使学生关注、感受到其中深含的人文意蕴、人文情怀，需要教师精心设计，留心在教材文本中抓住既是文本叙述情节、细节中语文要素的关注点，又是人文情感感染领悟点的机会。这就是统编小学语文教材执行主编陈先文所说的："用好统编小学语文教材的关键在于，寻求教材在语言文字价值与教学取向之间的结合点和着力点……力求实现文与道的统一。"此种教学经验需要长时间的积累和提炼，并上升到理论概括的高度，方能形成所谓的"模式"，具备语文教学中协调处理"工具"和"人文"关系的参照和指导地位。要做到这一点，教师的良好素质和丰富教学经验缺一不可。

案例 文艺性说明文《松鼠》（统编小学语文教材五年级上册）教学片段：

师：同学们已预习过这课了吧，有什么问题吗？

（几名学生举手）

生甲：（举手）老师，有一个问题我始终没想明白。

师：你说吧。

生甲：文章第一段写松鼠是漂亮的小动物，驯良、乖巧、很讨人喜欢。最后一段却写它的肉可以吃，尾巴可以制成画笔，皮可以制成皮衣……

生乙、生丙、生丁：（同时）既然松鼠那么可爱，为什么要这么写呢？

教师：（脸上掠过一丝尴尬）这节课我们先把这问题放一放，大家回去思考。

很可惜，这位语文教师错过了一个将说明文教学与人文教育结合的机会。这位老师的尴尬，首先在于她心中没有在语文知识能力教学中渗透思想情感、道德情操之类人文教育的意识。她在备课时考虑的只是说明文知识，包括说明对象、说明顺序、说明方法、说明语言，等等。她虽然一上课就询问学生有没有什么问题，但也缺乏可能面对的涉及人与自然、与动物共处之类问题的思想准备。

这位老师还比较缺乏教学机智，不能把意外的学生提问迅速地转化为新的教学问题，只好推诿了事。

二、开展更为有力、更加深入的教学研究和教学实验：2011年"世纪大讨论"的启示

课程标准明确"语文教学工具性与人文性统一"以来，全国各地中小学校开展了许多以"语文教学工具性与人文性统一"为主课题的分课题实验研究活动，取得了一些有价值的进展。但因为这个课题总的来说因素复杂，理论上、实践上都有许多待摸索、待澄清、待寻找出路的问题，所以，仍需语文教师对课堂教学、实践做深度研究。其

中，善于发现教学中实践中产生的一些典型、内蕴丰富、代表性突出的、广大教师广泛关心的课题，开展专题讨论研究，是我们一线教师最好的教研形式。2011年9月16日，《中国教育报》"教学版"整版推出了"如何认识与处理语文课的人文性与工具性"专题讨论。《中国教育报》可谓目光敏锐、处置果断、不误时机，做得非常出色和成功，产生了极好的社会影响，在指导、推动中小学语文教学正确处理工具性与人文性关系过程中，提供了有益的经验。那场讨论虽然已经过去10来年，但至今仍有值得发掘和咀嚼的地方。

我们不妨将那次问题的讨论的背景、过程和认识成果梳理一下。

为了教育班里早恋的张同学，语文教师徐老师放弃了示范课《唐雎不辱使命》，改讲《致女儿的信》。课中，用35分钟完成了介绍背景、分析故事情节、品味重点句、讨论文章写法特点后，最后10分钟拓展了教学主题：《致女儿的信》中，到底有没有讲清楚"什么是爱情"？徐老师先谈"珍惜生活中的美"，让学生懂得"要发现生活中的美，就应该从该做的事情中寻找美、发现美、体验美"。然后又和大家讨论得出结论："要得到真正的爱情，就必须先做好自己该做的事。"

课后，徐老师以《语文课这样拓展不可以吗？》为题，写了一篇教学反思投稿给《中国教育报》。该报全文刊发了这篇文章，并向读者征稿："结合您的经历，来谈谈对这个话题的看法。"

2011年9月16日，《中国教育报》"教学版"整版推出关于"如何认识与处理语文课的人文性与工具性？"的专题讨论，主题为"让工具性和人文性比翼齐飞"。讨论得到了以中小学教师为主体的读者的热烈响应。报社选载了五篇从不同角度发表意见的来稿。

今天来看，仍觉得五篇来稿中不乏有质量、有见解、有独特思考的内容。本书拟从五篇稿件中选取一些比较精要的意见，按涉及的问题及主张进行分类，每类给出一个概括性的标题，进行分析讨论。

（一）语文教师不能越俎代庖

"像张同学那样在早恋中迷失了自己的现象，在初中生中还是比较普遍的。"如果带着这样的想法教学，从一开始就偏离了语文教学的轨道……徐老师接下来的做法更是渐行渐远，转向了"珍惜生活中的美"，讨论"怎样得到真正的爱情"，这就更是品德课的教学了。

（于晓琳《走出泛人文的窠臼》）

在课堂教学中，所有的拓展和延伸都应是基于语文的。

于晓琳用"语文教师不能越俎代庖"这一道理，批评了徐老师这节课的主要失误：教学设计、备课阶段的教学目标产生了偏移。徐老师为了帮助学生纠正早恋倾向，将原定的《唐雎不辱使命》换成《致女儿的信》，教学目标受到干扰，以至于在教学中用了十分钟来指导学生纠正早恋心态。尽管这是符合道德的，对学生进行了正确的思想教育，但它不符合这节语文课的教学目标，它是用语文课堂来代行了思想政治课的职责。这里有一个问题：在语文课上，教学文本主要内容涉及恋爱，难道教师的教学可以回避这个问题吗？不能。教学中当然不必回避这一问题，但它的进入角度、方式、深度，都是和思想品德课不同的。"纠正早恋"可以是思想品德课教育的主题、正题，是整堂课的着力点。教师可以充分地讲、深入地讲、痛快淋漓地讲。但它在语文阅读教学中不是一个受到特别关注的独立主题。语文教师应该关注的是：苏霍姆林斯基《致女儿的信》这篇亲切动人、意味隽永的文章，是怎样向女儿谈论和描述青少年恋爱问题的，它在遣词造句、篇章组织、内容风格等方面是怎样的，有些什么特点；它在思想内容和青少年的情感生活方面，对学生有哪些启示。这节阅读教学课最好的成效应该是这样：学生在一定程度上体悟到教材文本语文要素和思想内容是怎样契合的。学生在文章阅读教学中获得的这种体悟，在较有限的时间里多次阅读教学经历中都可能是不太清晰、不太深刻的，但是这样的阅读体悟会随着同类阅读经验的增多、丰富而逐渐变得清晰，最后成为他们的阅读能力和写作能力。

还是于晓琳老师说得好:"在课堂教学中,所有的拓展和延伸都应是基于语文的。"

(二)一切演绎都应"基于文本"

置文本于不顾,只是从中抽出一个人文主题来展开探究学习,把语文课演绎成思想品德课、人文探究课,文本学习的目标和任务被完全抛开去。

(冯厚生《可以适当拓展,贵在有机结合》)

这段话用"抽出"这个词一针见血地概括了徐老师那堂课操作上的不当之处。语文阅读教学中语文要素与人文主题的结合,不是在课文内容了解之中或之后从文本中"抽取"出来的,它不是一个独立的教学课题。人文主题的注意和展开伴随着对语文表达形式的了解,以及对二者契合方式的领悟。例如,在《草船借箭》中,对"借"这个词不寻常的丰富内涵、对这种高超战术和对阵双方斗智斗勇关系的理解,只有在对文本主要内容了然于心的前提下才能实现。

(三)"披文以入情"与"悟情以品文"

教学中,当"披文以入情",来领悟文本的语言表达了怎样的思想情感,感悟其思想情感的魅力,以接受人文的陶冶;当"悟情以品文",去揣摩其思想情感是借助怎样的言语形式(包括词句篇章手法等)来表达的,品味其言语形式的精妙,以积累语言、借鉴写法,从而实现人文性和工具性的有机结合。

(冯厚生《可以适当拓展,贵在有机结合》)

披文入情,语出刘勰《文心雕龙·知音》:"夫缀文者情动而辞发,观文者披文以入情,沿波讨源,虽幽必显。"第一句的意思是:将语言文字的表达功用赋予生活感受以授之以形。就是说,写作者总是先有了生活感受的内心情态，然后通过辞章表达出来。后三句的意思是：阅读者通过语言辞章来了解作者所要表达的思想情感，沿着文辞找到文章的源头，即使是深幽的意思也会被人理解。冯厚生用《文心雕龙》语，表示文本是心灵的窗户，语文手段是用来表达思想感情的，我们可以通过对文本的研读领悟来了解作者的思想情意。同时，我们也可以通过"悟情以品文"来理解和品味语言形式的特征、功用和精妙之处，从而得到在现实生活中如何应用语言的启示。通过冯先生这个双向阐说、沟通连接的诠释，语文教学中的"工具"与"人文"的统一与融通共生过程，就比较易于理解了。

（四）品鉴文本是语文教学的切实功夫

如果我们在教学中多做一些这样的品鉴功课，我想对于语言的学习就会更切近一些，对于作者要表达的思想感情也会理解得更深入一些，对于语文课所蕴含的人文教育也会落实得更自然一些，这样的课也更像是一节语文课。

......

余秋雨的散文内含厚重的文化意蕴，通过品析语言去领会其丰富意蕴才是正途。

（郭伟《鱼和熊掌也可兼得》）

品鉴多用于艺术品的品评鉴别，此处用于语文阅读实有其妙。品鉴者，品其味鉴其术也。品尝到文本的思想情感意味、鉴赏到语言表达方式、手段的独特与精妙，犹如欣赏一件纺织品，从用料、质地的讲究、缝制的细密、形制的独特中，欣赏到其或雍容华贵或细腻温润的意味。语文教师要有品鉴的能耐，这当然必须借助于教师丰富的文化积淀和文学艺术修养。读余秋雨的文化散文就是这样，如果没有在对文化的关注和敬重的基础上细读细品，也难识其形品其味。把一件精致的语言文学、文化作品当作一本通俗读物介绍给学生，那是多么荒唐啊！

（五）要善于取舍，把握分寸

人文性与工具性的统一……是对这门学科的整体而言。具体到某一篇章，不必平均用力，可以有所倚重；不必面面俱到，要合理取舍。只有这样，语文课才能上得有分量、有内涵、有个性。

（郭伟《鱼和熊掌也可兼得》）

有一些教师陷入了误区，那就是以为一堂语文课必须既明显体现工具性，又明显体现人文性。其实，做到这样的折中或者全面，有些课完全可以，但如果每节课都如此，笔者认为不太现实。

……

语文教学中的人文熏陶要多一分理性，防止陷入以下误区：价值迷失，夸张抒情，过度阐释，杂乱整合，表面热闹，盲目拓展等。

（郭少青《语文是工具与人文的统一》）

上述意见值得注意的有两点：

一是正如两位作者所说，人文性与工具性的统一是针对整部教材、整学期教学而言的，并不是每课都需要二者兼顾。需要兼顾的时候有，但也不是必须平均用力。一课的教学或适宜在二者中单选，或适宜二者兼顾，是平均用力还是有所轻重……都要善于取舍。怎样取舍，要根据文本的具体情况而定。统编小语教材执行主编陈先云说：

一本教科书、一个单元、一篇课文，有许多内容可以选择，我们有必要明确重点是什么，哪些内容对学生来说是最重要的、最有价值的。例如，对关键性词句的理解，精彩片段的赏析，优美语言的诵读积累，作品中生动形象的感受，启迪思维内容的领悟，作家与众不同的、有新鲜感语言的品味，文章基本的表达方法的学习运用，等等。

陈先云所列出的选项包括语文工具方面的内容（语文要素）与人文方面的内容（人文要素）。陈先云指出，应选择对于学生来说最重要、最有价值的内容。陈先云认为，这个"最重要、最有价值的"内容，应以课程标准"课程目标与内容"所提出的目标和要求为准。

二是"语文教学中的人文熏陶要多一分理性"。语文教材例文中的人文内容丰富多彩，充满了壮丽山川、诗画田园、感人挚爱、高尚情怀，等等，满溢着感性与情感，很容易让人感动甚至激动。语文教师在教学处理中应注意教学的"双向"性质和特点，把握分寸、控制好人文熏陶的"度"，不能只是将一节语文课处理成纯粹的文学欣赏课，应当兼顾到对"意"和"言"的品味领悟，不要顾此失彼。

语文教材中的文学作品阅读，与教学之外的文学作品阅读，其目的是有所不同的。教学之外的阅读意在欣赏，一般不会也不必在意其语言表达方式的具体特点和状态。而语文教学中的例文阅读，则应该是将文学欣赏与表达（写作）技艺都纳入视野中。在教学中，就侧重哪一方面的自然状态而言，通常语言表达应用的教学体会所需时间会更多一些，这是合理的。

第三章

统编小学语文教材生态系统

通常意义的教学生态系统就是一个教育文化生态系统，它的生态因子包括教师、学生、教材、教学环境、教学策略等。其中，语文教学遵循教育生态规律，融合上述因子，使之相辅相成、和谐共生。此种生态系统可以称为教育文化要素合成生态系统。而本章所述的生态系统，则特指统编小学语文教材系统的构成要素及其相互联系，属于逻辑生态系统的性质。统编小学语文教材从课程教学内容出发，遵循认知规律（认知心理逻辑）、语言逻辑、教学行为技术科学逻辑、审美逻辑等，来构建完整的生态系统。

第一节 人文主题与语文要素相结合

（一）统编小学语文教材总体布局

统编语文教材仍然采用了传统的以教学单元组合布局、数个单元构成全书大框架的方式。单元内容布局则设定了"人文主题与语文要素"双线展开的格局。每册分为八个单元，每个单元有一个相对宽泛的"人文主题"，以及一些散在于阅读课文中的、具体明确的语文要素。单元教材中人文主题和语文要素两方面表现活跃的诸因素，都是教材编辑者和语文教师关注的目标。教材每单元首页，都以简练的语言概括陈述了人文主题与语文要素，向教师和学生提示单元教学主线。

教材从三年级上学期（上册）开始，每册安排普通单元（范文阅读教学）6个，特殊单元（策略单元、习作单元）2个。每个单元由5部分组成：导语、课文、口语交际、习作和语文园地，其中语文园地包括"交流平台""词句段运用"等栏目。

在教材的编选辑录中，阅读教学单元范文的选用意义尤为重大。编辑者既要考虑人文主题因素的鲜明表现及其社会教育意义的积极性、正面性，又必须满足一批语文要素遴选进入教学目标的需要。在教材编选中，这可能是最繁杂、最费时费神、最考验编选者有无慧眼、对教材质量水平影响最大、受到编辑班子最高级别关注同时也最容易受到社会各方评头品足的一个环节了。

（二）统编小学语文教材单元结构

1. 普通单元

三年级以后（一、二年级略）普通单元结构体系如图3-1所示。

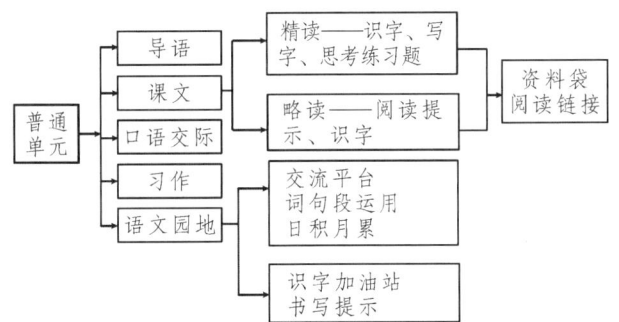

图 3-1　三年级以后语文普通单元结构体系

普通单元即正常阅读教学单元。这个设置较有特色的地方有：

第一，单元首页呈现单元导语，以较为宽泛的人文主题的概述以及单元语文要素重点表述为整个单元的教学定下基调（如图 3-2 所示）。

图 3-2 四年级上册第二单元导语

为学患无疑，疑则有进。

——[宋]陆九渊

阅读时尝试从不同角度去思考，提出自己的问题。

写一个人，注意把印象最深的地方写出来。

这则导语直接引用宋代著名理学家、教育家陆九渊《语录（下）》中的话。这里点出的是，学习者应该对学习抱着一种虔诚求知的态度，认真深思见疑。这里谈的并不是单纯的学习方法技术问题，而是一个重视知识、文化的态度问题。单元语文要素的提示则强调了要从不同角度思考和提出问题，即从语文工具的应用这个角度谈阅读中"问题"的语文技术处理。

以上人文主题提示和单元语文要素提示共同揭示了这个单元的教学主线，二者的融通组合自然而贴切。

第二,除了传统单元教学常见的精读、略读、思考练习题以外,统编版小语教材设置了"交流平台""识字加油站""资料袋"多个板块。初看可能会以为繁复,但细想一下,这都是基于语文本身的丰富,要学好语文,用好语文,是需要花功夫的。

2. 特殊单元

(1)策略单元。

最近20年来,一些语文教育研究者和一线教师引入国外学者对阅读策略的研究意趣,进行了独立的专注的研究,取得了一些重要的成果,这表明阅读策略已经在我国母语教学中引起了重视。人们意识到,一个人的阅读成效并不仅仅依靠他的知识背景和阅读频度、密度等,还与阅读的方式方法、基本策略有关。在新一轮基础教育改革的近期进展推动下,统编小语教材三、四、五、六年级上册中都分别安排了一个单元,编选有利于铺展阅读策略教学的内容作为单元教学主线。语文教育方面发生的这一事态,正是阅读策略研究被作为科学有效的阅读推动力量在我国语文教学中的反映。统编小语教材安排的阅读策略教学内容分别是三年级"预测策略"、四年级"提问策略"、五年级"提高阅读速度"策略、六年级"有目的地阅读"策略(如表3-1所示)。

值得注意的是,阅读策略单元教学的主要目标,以阅读策略相关的阅读方法、策略习得和运用等程序性知识取代了传统习惯上阅读教学关注的铺叙内容、思想情感等陈述性知识所占的位置。这是统编本小语教材的一个创新、一个突破。

表3-1 统编版语文教材阅读策略单元概况表

编排位置	单元	阅读策略	选文
三年级上册	4	预测策略	《总也倒不了的老屋》
			《胡萝卜先生的长胡子》
			《不会叫的狗》

续表

编排位置	单元	阅读策略	选文
四年级上册	2	提问策略	《一个豆荚里的五粒豆》
			《蝙蝠和雷达》
			《呼风唤雨的世纪》
			《蝴蝶的家》
五年级上册	2	提高阅读速度策略	《搭石》
			《将相和》
			《什么比猎豹的速度更快》
			《冀中地道战》
六年级上册	3	有目的阅读策略	《竹节人》
			《宇宙生命之谜》
			《故宫博物院》

（2）习作单元。

统编版语文教材编织了一个多形式的、体现教学及习练方式灵活性的习作教学系统。其中包括三至六年级8个学期8本教材的8个习作单元，以及习作（普通单元单独设立的习作课文）、小练笔、单项练习等4种类型。

在教材8个单元有限的、宝贵的资源空间中单独设立一个作文单元，体现出来的不是对一种语文表达形式的偏爱，而是对语文核心要素和人文修养综合作用的重视，以及对语文知识和思维能力、表达能力综合应用的重视。作文是学生语文核心要素和人文涵养的综合表现，它是语文教学工具性和人文性统一的具体呈现。一个学生的写作要做到文通字顺，应以思想感情的表达为基础动力，如果文章内容空虚、情感浮华空洞，则必然文不通字不顺。故此，作文教学单元的独立设置，也是整部教材工具性与人文性二者融通结合的需要，这也体现了编辑者统摄二者的魄力与眼光。

如表 3-2 所示，从三年级开始，每册教材专门安排一个习作单元。每个单元体现一个习作的核心能力。

表 3-2 三至六年级习作单元核心能力表

教材	单元	习作核心能力
三年级上册	5	留心观察
三年级下册	5	大胆想象
四年级上册	5	写清楚一件事
四年级下册	5	按顺序写景物
五年级上册	5	写好一种事物（说明文）
五年级下册	5	尝试把人物的特点写具体
六年级上册	5	围绕中心意思写
六年级下册	5	写出真情实感

每个习作单元由导语、范文（两篇精读）、交流平台、初试身手、习作例文（2篇）、习作 6 个板块组成，形成一个层进式的单元结构。"习作核心能力"的导语指示习作的具体要求；"精读课文"提供引导学生体认、感悟表达要领的范例；"交流平台"归纳提炼方法；"初试身手"则给学生以亲历实践的机会；"习作例文"是再次提供作文表达实例；"习作"则含有总结检验、亲历应用单元学习所得的意思。

我们可以注意到，每个层级都有明确的学习训练任务、训练目标及要求，渐次更加具体、明确、集中，且综合程度逐层升高。三年级上册设置的第一个作文教学单元，是从"留心观察"开始的，这是从写作最基础的准备工作着手；三年级下册的学习训练聚焦于"想象"也是顺理成章；四年级上册、四年级下册、五年级上册分别解决一种较为基本的能力的初步练习；五年级下册到五年级下册、六年级上册聚焦于"人物特点""围绕中心""真情实感"这些更能决定作品质量的实质性问题了。还可以观察到的是，最后强调"真情实感"，涉及写作的真实性问题、情感问题、态度问题，就是说写作实践最终还是要回到人文关怀的问题。写作不是纯技术的、写作教学也不是纯技术的。

（3）专题单元。

统编版语文教材还从语文实践、文学作品样式品类等角度设置了专题单元（如表3-3所示）。

表3-3　二至六年级专题单元主题一览

教材	专题单元
二年级上册	观察单元
二年级下册	想象单元
三年级上册	童话单元
三年级下册	寓言单元、综合性学习
四年级上册	神话单元
四年级下册	现代诗歌单元、综合性
五年级上册	民间故事单元
五年级下册	古典名著单元、综合性
六年级上册	小说单元、人物单元
六年级下册	外国名著单元、综合性学习单元

例如，四年级下册安排了现代诗歌单元和综合性学习单元，编载了冰心的《繁星》三首（第9课）、艾青的《绿》（第10课）、苏联诗人叶赛宁的《白桦》（第11课）、戴望舒的《在天晴以后》（第12课），之后，随即安排了关于诗歌阅读欣赏与创作的"综合性学习"，即"轻叩诗歌大门"——合编小诗集、举办诗歌朗诵会。

又如，三年级下册编排了寓言单元，其中选取了《守株待兔》（第五课）、《陶罐和铁罐》（第六课）、《美丽的鹿角》（第七课）、《池子与河流》（第八课）等。

专题单元涵盖了文学作品的一些常见和主要的样式，都是比较浅显易懂、意蕴隽永，也容易让小学生产生兴趣的作品。教材试图通过这种形式，让很少有机会接触，甚至完全没有接触过这些文学作品的小学生有了接触了解的机会，并在这些机会中得到老师的帮助与启发，建立起对文学作品的初步印象。也许这将开启孩子们对文学终其一生的热爱。

3. 独立板块："快乐读书吧"

"快乐读书吧"是统编版小学语文教材创新设置的一个独立板块，它致力于"课外阅读课程化"，将课内外阅读连成一体，通过课堂教学推进学生课外阅读。

整个小学阶段的12个"快乐读书吧"独立板块介绍说明了12种读书习惯和使用的方法，即：常读书、换书看、阅读书的封面、阅读书的目录、多读书、理解道理、激发想象、理解科学道理、学习口头语言、学习章回体小说、理解人物与情节、做读书笔记。编者为介绍说明这些习惯与方法，设置了图文并茂的学习和对话环境。

4. 特殊栏目

统编版小学语文教材还创新设置了两种与阅读有关的特殊栏目："和大人一起读"（一年级上册、一年级下册）、"我爱阅读"（二年级上册、二年级下册）。这两个栏目的设置，其主旨同样是推进课外阅读。"我爱阅读"试图让孩子树立起课外阅读和终身阅读的意识；"和大人一起阅读"则将孩子读书习惯的支持培养牵引到家庭因素的影响这方面来，以期推动家庭阅读环境的优化。

第二节 统编小学语文教材体系的"双线"结构

一、单元导语："人文主题"与"语文要素"融通配合

统编小学语文教材在体系结构上的一大特点，是人文主题与语文要素"双线并进"的总体布局和单元结构。上文已经对单元结构做过一些介绍和讨论，其中也述及教材语文要素与人文主题融通配合的情

形。在此基础上，我们从另一角度，对人文与工具两条线的融合统一发挥作用做简要介绍。

下面以三年级上、下册为例（如表 3-4 所示）：

表 3-4　三年级上下册人文主题与语言要素双线结构表

册次	篇章页：单元导语部分				习作主题部分
	主题	主题语	语文要素	类型	
三年级上册	学会观察	生活中不缺少美，只是缺少发现美的眼睛	体会作者是怎样留心观察周围事物的；仔细观察，把观察所得写下来	纪实	我们眼中的缤纷世界
三年级下册	大胆想象	想象力比知识更重要	走进想象的世界，感受想象的神奇；发挥想象写故事，创造自己的想象世界	想象	奇妙的想象

表 3-4 显示的是三年级上、下两册作文教学单元的双线并行结构。其中，三年级上册的教学主题是"学会观察"，这是单元写作的教学目标。单元导语的"主题语"则是"生活中不缺少美，只是缺少发现美的眼睛"。这是引用了法国雕塑大师罗丹的名言，非常简洁而又优美形象地阐述了人类审美文化中的一个经典理念。而语文要素"体会作者是怎样留心观察周围事物的；仔细观察，把观察所得写下来"，则响应了人文主题的意旨，道出了"留心观察"这一非常具体而明确的方法技术的目标。

三年级下册的教学主题是"大胆想象"，单元导语的"主题语"也引用了一句脍炙人口的名言"想象力比知识更重要"（爱因斯坦）。它传递的不是一个简单的知识，而是一个人类科技文化史上被人们奉为不朽真理的经典理念。单元语文要素则是"走进想象的世界，感受想象的精神；发挥想象写故事，创造自己的想象世界"。这里反复强调的是"想象"作为一种写作（创作）方法要素必不可少的作用。我们看到，单元人文主题与语文要素在这里实现了无缝连接。

二、语文要素在教学进程中的阶梯式上行发展

语文要素的领会与习练不是一蹴而就的，必须在不同语境下、不同层面上反复感悟历练，才能有扎实的掌握。前面"双线并行单元导语人文主题与语文要素搭配"例析，是从横向观察二者关系的，现在再从纵向来观察一下语文要素的发展。

每一单元的语文要素都具有与前后相承接年级的阶梯关系。如图 3-3 所示：

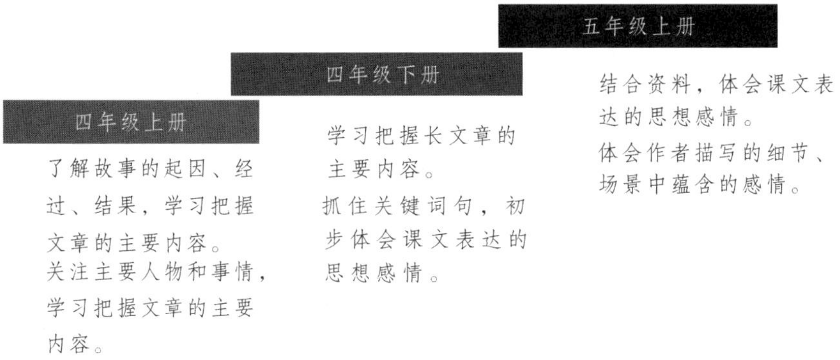

五年级上册
结合资料，体会课文表达的思想感情。
体会作者描写的细节、场景中蕴含的感情。

四年级下册
学习把握长文章的主要内容。
抓住关键词句，初步体会课文表达的思想感情。

四年级上册
了解故事的起因、经过、结果，学习把握文章的主要内容。
关注主要人物和事情，学习把握文章的主要内容。

图 3-3　各年级各单元语文要素间呈阶梯关系

从图 3-3 可以看到，从四年级上册到五年级上册，语文要素的学习要求是渐次升级的，即：把握原文的主要内容→初步体会原文的思想感情→体会作者描写的细节场景中蕴含的感情。

从"把握思想内容"到"体会思想感情"，这是由表及里的提升；再到体会"细节场景中蕴含的感情"，则是从内容到表现形式的整体把握，语言工具及其思想感情内涵被一体化消化了。

人文要素和语文要素融通结合，是语文课程的一体两翼。在教学中利用好、处理好二者关系和各自功能，使之相辅相成、协调作用。这是语文学科人文性与工具性相统一这一基本关系在教学操作层面上的细化、具体化的落实过程。此前，史上以"双基"思想为主导的教学，在实践中常常囿于目标理念的片面性，不重视人文内涵的角色地

位,而难免陷语文教学于"技术化"的极端,使原本应具"人文性与工具性相统一"性质、充满生机的阅读教学生态失衡。此后,课程标准所提的"三维目标"导向下的教学,在理论上阐明了人文意蕴与语文要素二者的联结和融合,但因教材表现的模糊性,实际教学操作中却常常陷于空泛。此次统编小学语文教材秉承"核心素养"理念,向教材阅读教学中引入"语文要素"概念,也是试图让语文核心素养理念在人文教育与语文教育联结的具体文本中变得实体化和可操作化,这是一次可贵的努力。

据此,教师要在每一篇课文的人文内涵与语文工具的联结中关注学生成长,在言语文章读解实践中注重对学生的人文关怀和精神熏陶。要引导学生关注意义、意识、情感、理想、人格品质等人文元素是如何在语言表达中被蕴含或彰显的,让阅读教学既见语文,又见人文。

三、"双线并行"教学实践案例

(一)《荷花》教学设计(部分)

教材分析:

《荷花》是叶圣陶先生的一篇优美的写景文章,流露了作者对荷花的喜爱和对大自然的赞美之情。

"一边读一边想象画面;体会优美生动的语句。"是本单元的读和体会语文要素。对于三年级下学期的学生来说,既是对低年级"读句子,想画面"以及三年级上册"阅读时,关注有新鲜感的词句""感受课文生动的语言"能力的延展与提升,又是对四年级上学期"边读边想象画面,感受自然之美"的承接。教师要关注语文要素之间的内在关系。

"本单元的两个语文要素"提取得恰到好处。"一边读一边想象画面;体会优美生动的语句。"读文,是对课文言语实体的吸纳和认识,是语文的；想象，则是超越文字句段外壳的，属于人文的东西；"体会优美生动的语句"，要体会的不仅是"语句"的语言文字本义，而更是"优美生动"的、超越文字外壳的精神的东西。"教师要关注语文要素之间的内在关系"是提示教师注意语文要素之间的承袭和提升关系。这是语文的、言语素养的、层次和规律的。

教学目标：

1. 认识"蓬、胀"等4个生字，读准多音字"挨"，会写"瓣、蓬"等11个字，正确读写"荷花、清香"等14个词语。

2. 有感情地朗读课文，能读好"花瓣儿、花骨朵儿"等儿化词和"莲蓬、衣裳"等轻声词。背诵第2~4自然段。

3. 能边读课文边想象画面，体会优美生动的语句，体会这一池荷花是"一大幅活的画"。

4. 能仿照课文第二自然段描写荷花不同样子的句子，写一种自己喜欢的植物。

（以上设计来自北京市东城区和平里第四小学宁凤梅）

"教学目标"更加具体地展示了本课阅读教学人文主题和语文要素双线的并行关系。"1"是语文要素的具体罗列；"2"也是具体罗列语文要素学习任务，但"有感情地"则渗入了人文色彩，你不能把这些词语当作大白话处理，必须把它读活；"3"边读边想象、体会、也是将文本中需要"理解的"与"欣赏的"综合在一起；"4"仿写是语文方法，是技术，写出"自己喜欢的"则超越了方法和技术，是人文的、内在的、心灵的。

（二）因文悟道，缘道学文——《九寨沟》教学实录（部分）

这堂课教师的教学分为两大步骤，一是因文悟道，二是源道学文。主要教学方式突出三种手段："呈、读、说"。本书只摘录了教学实录中的一部分。

步骤一：因文悟道——领略自然之美、人生之趣

（此前多媒体展示呈现了九寨沟的惊人美丽，学生通过默读、自由读、指名读等多种方式熟悉了课文）

师：让我们来看看现实中的九寨沟和你想象中的有什么不同。

生1：湖泊。你看它的水纯净，色彩斑斓，书中称它是"五花海""五彩池"，真的是名不虚传呢。

生2：湖泊的美让人惊艳，不可思议。水的颜色居然会因为光线和季节的变化而显现出不同的色彩！

生3：世界上没有更好看的湖水了！

师：谁能用朗读带我们去美丽的"五花海"（五彩池）边走边看？

（指名读，某生大声动情读）

师：的确，九寨沟的水太迷人了，怪不得人们说水是九寨沟的灵魂。它清洁纯净、色彩斑斓。

生4：我一边读一边想到"飞流直下三千尺，疑是银河落九天"。

师：是啊，这高高低低的瀑布可是九寨沟水的又一特别之处。

教师通过设置问题"九寨沟和你想象中的有什么不同"，来引导学生观察注意，抓住事物的特征（即与众不同之处）。教师再次指名学生读。前面经过了多种方式的读，但教师仍然抓住时机让学生再读，这是不是有点烦冗多余了呢？不是。前面的"读"是"初识庐山真明目"，是偶遇；此时的"读"，是"有缘千里来相会"，已经是倾心的欣赏了。这也暗示教学将转入下一个步骤。

步骤二：缘道学文——落实语文素养、言语能力

师：同学们，这一路走走看看，我们领略了九寨沟的神奇美丽，也欣赏到作者优美的语言。让我们留心查看一下，课文使用了哪些优美词语来让我们着迷的？

（出示词语：

清澈见底、五彩斑斓、银花四溅、蔚为壮观、憨态可掬

若无其事、雪峰插云、古木参天、平湖飞瀑、诗情画意）

师：大家能试着选择一个或几个词语来说说吗？先自己练练！

生1：你看那瀑布交织在一起，白练腾空，银花四溅，我真想扑进它的怀抱，感受它的气息！

生2：我喜欢憨态可掬的大熊猫。它若无其事地啃着竹子，是多么悠闲啊！

生3：那湖泊真是太美了，你看它清澈见底的湖水在阳光的照耀下呈现出五彩斑斓的颜色，怪不得它们就如钻石般地镶嵌在群山中呢！

（以上来自张蔚《〈九寨沟〉课堂教学案例及评析》）

这一节的教学内容转到了课文语言单位的体味、运用上来了。教师趁热打铁，让学生试着用新学到的词语表达自己的感怀，这真是恰到时机、顺理成章。由此我们看到了语文工具与人文意蕴融会贯通的样子。这种贯通是水到渠成的，不是强扭的。其诀窍完全掌握在教师的手中。

第三节 做好教材使用过程中的教学研究工作

一、教材投入使用后，围绕教材教学实践的科学研究便是教材创编方和教材使用方工作的重心

20世纪30年代，叶圣陶与夏丏尊两位前辈创编语文教材《国文百八课》，该书前言中说："编辑旨趣最重要的一点就是想给予国文科以科学性，一扫从来玄妙笼统的观念。"但是直到20世纪80年代，这一"编辑旨趣"似乎仍然没有得到较好的实现。1980年8月，叶圣陶先生在《语文是一门怎样的功课》中指出：

语文课到底包含哪些具体的内容，要训练学生的到底有哪些项目，这些项目的先后次序该怎么样，反复和交叉又该怎么样；学生每个学

期必须达到什么程度，毕业的时候必须掌握什么样的本领……诸如此类，现在都不明确，因而对教学的要求也不明确，任教的老师只能各自以意为之。

叶圣陶的这段话坦言语文作为一个学科，其教学目的目标、教材系统的建构，仍然处于比较模糊混沌的状态。

教育部课程教材研究所小学语文课程教材研究开发中心主任陈先云在引用了叶圣陶这段话后，不无遗憾地评述道："但是，一百年来的语文课本还缺少有效的解决办法。"这就是说，语文教学教什么的问题——也牵连到与此紧密联系的语文教学人文主题与语文要素关系的处置问题，实际上是一个无论在理论上还是在实践上都既"老资格"又非常年轻的课题。统编小学语文教材试图以"双线推进结构"搭建教材体系解决这一问题，这是一个重大的决策。

然而作为一种在新理念新系统下编写的、其形式与内容都与先前所有各套语文教材有较大差异的教材，其科学性、有效性、完备性仍需得到较长时间教学实践的验证，其所做的革新开创都必须经受教学实践的严格检验。在此过程中，如果出现对这套教材的一些修改、调整，并不会让人感到意外。并且，编写这种教学系统所涉及的理论基础、观念原则、系统构成、内容方法等内容，也有一些需要进一步深入研究、探讨、论证的区域和焦点。从统编第一册小学语文教材、第一册初中语文教材进入课堂到现在才只有5年。这套教材还太年轻了！

教材编写班子非常关注教材投入使用后的科学研究问题。陈先云说："要把教育科研视为教材使用中的一个重要工作。"（《工具性与人文性兼顾：用好统编教科书的若干建议》）在《增强六个意识，教好部编小学语文教材》中，陈先云强调了"科研意识"。他说："部编小学语文教材推广使用后，要以教育科研课题的形式，加强对教材的跟踪研究。要将教材的研究、使用当作一项系统的、长期的工程。"他从宏观和微观两个方面谈了教材研究的目标问题和具体问题，强调要重视资料收集和经验的积累工作。从哪些方面收集与积累资料呢？他建议从三个方面着手："1. 对教材的意见和建议；2. 教学心得体会；3. 学生的学习情况"。陈先云要求："教师要特别注意收集与积累教学过程中自己很满意的设计、意想不到的教学效果、感触特别深的教学实例。"（《语文教学应当轻装前行——统编教科书使用中应注意的几个问题》）而与此同时，他也强调说"教材编写组不怕大家挑错，不怕大家提出教材中的问题。教材到底好不好用、好不好教，学生喜欢不喜欢，当时是怎么想的、怎么做的，哪些地方要修改、该怎么修改，欢迎老师一点一滴随手记录下来"。

教材进入学校教学使用后，进行跟踪研究确实是一项重要的工作。关于搜集资料，陈先云提到了很重要的三点。但仅仅从正面成功的角度来搜集材料是不够的，还应该留心搜集教材教学中有没有感觉到不太能够理解清楚的或不大好处理的问题，或教学中遇到的什么难以解决的困难等情形，都应该搜集起来，提出来与教材编写者、教学科研工作者、教师同行等共同研究解决。还要欢迎对语文教材的编写工作有兴趣、能够进行教材编写专题研究的研究者，从较为宏观的角度或者从应用实践的角度，进行有价值的研究。

二、教材使用早期学校教学科研工作的重点

（一）整体把握教材的内容架构

教材的整体架构可以描述为：将一个学期的教学及训练活动预设为数个阶段，以单元为组织阶段教学资源的基本单位，以选文为单元的肢体骨架，以若干板块内容穿插安排在各个单元之中；以"人文主题＋语文要素"的双线协调结构作为选编课文及施行阅读教学的主线，以课后"思考练习题"及其他训练方式作为训练手段，逐单元施行人文主题宽泛、语文要素逐层递进的教学及训练。选用具有相同或相近人文内容的文字作品来编织教学单元，营造一个精神境界、文化氛围

比较协调的学习背景和氛围,有利于单元数篇课文在相对稳定的人文、心理环境下的解析、接受,避免教学情境、内容、形式的频繁变换减弱学生的注意力和学习兴趣。

语文教材中所谓单元,是一种教学资源和训练方式的组合。单元体例最早见于叶圣陶和夏丏尊合编的语文教材《国文百八课》。叶圣陶说:"本书每课为一单元,有一定的目标,内含文话、文选、文法或修辞、习问四项,各项打成一片。"这段话体现了语文教学"单元"设计之初的特点。语文教材单元体例一直沿用至今已经近百年,但其资源选配、组织架构、各教学系统、训练系统、辅助系统等,都已经发生了巨大的变化。尤其是此次统编小语教材,有多方面的创新设计,令人耳目一新。

教材编写专家多次提醒老师们,对教材要整体把握。统编教材总主编温儒敏曾就此提出:"备课要先有全局意识,不能备一课是一课,也不能临时抱佛脚,克隆现成的教案了事,一定要研究教材,梳理其'隐在'的知识体系,比较自然而又扎实地体现在自己的教学中。"[①]陈先云也强调说:"教材是一个整体——单元的整体、年级的整体、年段的整体以及全套教材的整体,这实际上是教材的系统性……要从整体着眼,了解全套教材的体系结构以及内容安排的系统性、能力训练的层次性和发展性,从而增强整体教学观,在教学中实现整体与部分的统一。"(《语文教学应当轻装前行——统编教科书使用中应注意的几个问题》)

"在教学中实现整体与部分的统一",这是整体把握教材的意义所在。

(二)深入理解统编小学语文教材"重建中小学的语文核心素养体系"的初衷

我国近代以来的语文教学中,很长时期以"文道统一"来概括"文"

[①] 温儒敏:《"部编本"语文教材的编写理念、特色与使用建议》,《课程·教材·教法》,2016年第11期。

与"道"二者的关系，缺乏系统有效的、关于如何协调处理二者关系并影响教学进程的理论阐述及实践经验。文、道的关系又常常随着社会思想的变化而变化。时而重道轻文，语文教学成了无本之木；时而重文轻道，语文教学中语言材料实体缺少真实生活内容品质的支撑。

统编语文教材总主编温儒敏教授曾描述道：

> 在十多二十年前，语文教学的知识体系是比较清楚的，听说读写的能力点、知识点，也都比较成体系，但在教学中出现的普遍现象，是考什么，就学什么、训练什么，语文教学的知识体系实际上已被应试教育的题海战术和反复操练所绑架。[1]

实施新课程以来，语文教学人文因素在教学中得以加强，推动教学工作发生了一些积极的变化，但随即新的情况又出现了。温教授描述道：

> 又出现另一趋向，就是语文的知识体系被弱化，甚至被拆解了，教材在知识体系的建构上不敢理直气壮地讲语文知识，不敢放手设置基本能力的训练，知识点和能力训练点不突出，也不成系列，结果教学梯度被打乱，必要的语文知识学习和能力训练得不到落实。有时课上得满天飞，可就是没有把得住的"干货"。

温儒敏这一与叶圣陶当年的思想主张一脉相承的、语文教学要按照语文知识能力的内在规律、寻求明晰的教学目标系列，让教学有"干货"予人的思想，推动了教材编写组下定决心在统编教材中"重建中小学的语文核心素养体系"。[2]

统编教材的"核心素养体系"的概貌是这样的：

统编小学语文教材以《义务教育语文课程标准（2011年版）》"课

---

[1] 温儒敏：《部编本语文教材的编写理念、特色与使用建议》，《课程·教材·教法》，2016年第11期。
[2] 温儒敏：《部编本语文教材的编写理念、特色与使用建议》，《课程·教材·教法》，2016年第11期。

程目标和内容"指定的 10 项总目标和各学段目标为依据，提出了"语文核心素养"的概念，以此为基点，遴选符合各方面要求，拥有符合课程标准教学目标要求的"语文核心素养"素材的范文，按照类别、特点、层级等，分布安排在 3 个学段 6 个学期 12 册教材之中。每册课本也按照范文中的"语文核心素养"，即语文知识能力基本要素，包括必需的语文知识、基本的语文能力、适当的学习策略和学习习惯等具体情况，组织安排编成 8 个单元，设计编排单元教学目标导语、单元及课后练习题，以及其他教学辅助板块。这里必须说明的是，单元的组建是围绕宽泛的人文主题将课文组织在一起，同时使"语文要素"知识或能力训练的"点"，由浅入深分布在单元中。这样就形成了"人文主题与语文要素双线并行"的、以单元为基本骨架的语文教材。

（三）正确处理语文阅读教学中语文要素与人文主题的关系

人文性和工具性是语文作品的一体两翼，二者是自然依附在一起的，不是解析者或者阅读者刻意另加的。进入中小学语文教材的语文作品，没有不包含人文信息的。在一些情形下，学生读懂了（关键是要读懂）文章的主要意思，明白了中心思想或主要的主张，随之也就了解了其中蕴含的人文信息。区别只是在于理解的深浅或认同感的程度。在另一些情况下，因为文章写作手法的特点，思想感情的表达比较深刻，或者比较含蓄、委婉，隐藏在作品深处。这就需要教师的点拨和诱导。在这种情况下，如果教师弃而不问，是不负责任的，表明这篇文章的教学任务没有完成。

教学中人文内涵的理解也应该是文章读取解析的自然进程，一般不需要十分刻意地大加声扬。最好的状态是在学生真正读懂了、理解了文章核心内容的时候，其人文信息也得到了学生的体会、领悟和接受、认同。语文教材中有的作品甚至还能激起学生深深的感动甚至震撼，使得学生终生难忘。这就是上佳状态了。

温儒敏说：

从编写的指导思想看，是紧密结合语文学科特点来体现核心价值观的。功夫就在这种"结合"上。我们努力要避免的，是"表面文章"，是"穿靴戴帽"，而要做到"有机渗透"，使价值观化为语文的"血肉"。注意把那些能充分体现核心价值观，特别是两个"传统"（中华优秀传统文化和革命传统教育）融入教材的文章选编、内容安排、导语和习题的设计等诸多方面，融入语文所包含的语言教育、情感教育、审美教育，让学生乐于接受，起到润物细无声的效果。①

这段话的关键词是"有机渗透"和"润物无声"。在语文教学中大量存在的"做表面文章""穿靴戴帽"必须让位于有机渗透和润物无声。而要做到这两点是有难度的，这对中小学教师的人文素养、知识储备、教育观念、教学能力等都提出了挑战。教书的人拿到一套好教材是高兴的、兴奋的，但同时也应当意识到，离开了艰苦的努力学习和提高，也是使用不好这套教材的。在这方面，语文教师要做"有心人"。偶然见到这样一个教例，受到了启发，润物的确是可以做到"无声"（不刻意直言和张扬）的。

案例 《落花生》教学片段：

师：看到第15个自然段，认真听老师读，你能听出什么？

生1：老师，您读的时候把"印"字读成"记"字了。

生2：老师，您读得好、带劲，就是把"印"改为"记"了。

师：这样不是同一意思吗，"印"与"记"都是记住的意思嘛。

生3：老师，虽然它们的大概意思相同，但是"印"是打上烙印的，能永远铭记，而"记"就没有这样的效果了。

生4：我的感觉，觉得"印"比"记"用得好。

生5："记"没有"印"那么深，"印"显得很深沉。

……

---

① 温儒敏：《"部编本"语文教材的编写理念、特色与使用建议》，《课程·教材·教法》，2016年第11期。

教师不动声色地抓住"印"这一个字，一个很小的语言细节，将"印"改读为"记"，引发学生各抒己见，字意和表达色彩的细微差别，使学生对父亲的话领会得更准确，更透彻，对文本主题的感悟更深刻。也正是在这一细节上的追索咀嚼，把语言工具属性与人文意蕴的融通演绎得淋漓尽致。

第四章

语文阅读教学的几种范式

第一节 自主、合作、探究

（一）"自主、合作、探究"学习方式的理念和特征

《义务教育课程标准（2011年版）》把确定学生的主体地位和形成科学有效的学习方式作为课程教学改革的重心，明确主张：要"积极倡导自主、合作、探究的学习方式。教学内容的确定，教学方法的选择，评价方式的设计，都应有助于这种学习方式的形成"。（课程标准"课程的基本理念"第三部分"积极倡导自主、合作、探究的学习方式"）

多年来，在中小学教学中，教师们积极探索各种新的、适合语文教学的学习方法（模式、样式），新的招数可谓层出不穷。然而其中相对而言比较符合科学学习原理和规律、能收到好的教学效果的，为数不多，并且都离不开"自主、合作、探究"的基本理念。试分别阐释如下。

1. 自主

此"自主学习"中的"自主"，不是一个社会学的概念，而是一个教育学的概念。"自主"的含义是"自己管理自己"。它含有"学生拥有学习自主权"的意思，但其主要的指向还是在于强调学生应有主动的、积极的自我学习管理意识。与此"自主"相对立的概念是"被安排"。也就是说，"自主"意味着学习进程应由学生自己主动启动并管

理，其中包括：学习行为的自我驱动、学习方向的自我把握、学习状态（认知、情感和行为的状态）的自我监控这三个方面。三个方面贯穿了学习的全过程，体现了学生学习活动的主体性和能动性，它能够保证学生负责地、积极主动地完成学习任务。此"自主学习"包括两种情况，一是学生在课堂学习中的自主，二是学生自己独立学习中的自主。在前一种情形下，学习进程涉及师生关系、教学关系的协调合作，其中还是颇有讲究的。

自主学习是由学习者的态度、能力和学习策略等因素综合而成的一种主导学习的内在机制。需要注意的是，小学生心理发展尚不成熟，学习习惯也还不稳定。他们的自主观念还比较模糊，自主意识尚未成为他们的自觉意识。因此他们没法清楚界定"怎样做"才是应该有的"自主行为"，这使得他们的学习行为常常出现无序的情况。因此，自主学习方式在小学的开展，应该尊重学生处于身心、习惯、意识的发育发展期，在学习中对教师的指示、辅助尚有一定的依赖性这一事实，采取由低段到高段、由简单到复杂、由模糊到清晰、由局部到整体、由老师主导到学生自觉的阶梯策略。

《义务教育语文课程标准（2011年版）》在述及"积极倡导自主、合作、探究的学习方式"时，明确要求："教学内容的确定，教学方法的选择，评价方式的设计，都应有助于这种学习方式的形成。"教师在课程标准所述的三个教学环节操作中都应该充分注意到是否有利于落实"这种学习方式的形成"这一要求。在确定教学内容时，要认真考虑怎样适应学生现有基础及其"建构"、发展的需要，让学习进程即时启动。在选择教学方法时，照顾到学生的兴趣、个性、知识基础和思维水平等，以便学生既有兴趣又有能力主动适应和配合，迅速进入角色。在设计评价方式时，应尽可能先调动学生的自我评价能力，让学生自己观察自己、自己评价自己，对自己的学习状态和成效有一个比较恰当的印象。当然，这不等于教师可以忽略甚至放弃对学生学习表现和成效的评价、指导。

怎样判断学生是否进入了良好的"自主学习"状态？可以从多个角度来进行观察判别。其中一个鲜明有效的依据是，学生在学习中是否"发现"问题、"关注"问题或"提出"问题。《义务教育语文课程标准（2011年版）》"教学建议"要求学生在学习中：

能就感兴趣的内容提出问题，结合课内外阅读共同讨论。（一学段）

能对课文中不理解的地方提出疑问。能提出学习和生活中的问题。（二学段）

对自己身边的、大家共同关注的问题，或电视、电影中的故事和形象，组织讨论、专题演讲，学习辨别是非、善恶、美丑。（三学段）

当学生大脑思维活动达到这样的状态，学生能够这样发现问题、关注问题、提出问题，和同学们讨论问题乃至组织和参与问题的解决，那就表明学生的学习自主性已经达到了最佳状态。

研究表明，教师的教育理念、专业素养和教学能力，对学生的自主学习起着重要的影响。在课堂上，如果教师能够尽量将更多时间留给学生，利用教材资源灵活地、机智地设置"问题"和任务，为学生提供更多思考、对话、质疑、讨论等机会，就能够活跃学生思维、营造课堂合作氛围，直接提升学生的学习兴趣和效率，促进教学课题的解决。

2. 合作

主要是指学生之间相互合作开展的学习活动。合作学习可以在校内（课内）进行或校外组织进行。合作学习或者是在学生个人与个人之间（例如同桌之间）进行，或者是在班级小组与小组之间合作交流进行，或者是在学生自发的学习小组中进行。合作学习的优势在于对话交流、集思广益，信息不足和知识缺陷可以互补，在于思想认识可以交锋、产生争论。合作学习还有一个优势，就是参与者的学习兴趣和学习氛围可以在集体中得到强化。教师把学习领会之球踢给了学生运动队，让队员们在合作中完成任务。合作学习的最终目标，就是利用小组共同活动的优势来最大限度地促进学生自己及他人的学习。教师永远是学生运动队不可或缺的教练，合作学习应该在教师指导下开展，这样就可以少走弯路，避免失误。

合作学习将传统课堂教学中唯一发生在师生之间的交流形式，转变为课内外的多向交流形式，形成群体学习的合作交流局面，它对学习的推动作用是积极的、明显的。课堂小组合作学习是最常见的合作学习形式。小组合作学习的议题主要源于教材教学中与例文内容主题相关的一些问题，其组织运作有以下这些经验参考或借鉴。

一是平衡分组。教师主导下，将学习成绩水平、学习能力有所差异的数名学生组成学习小组，全班组织若干个小组。这样的组成在小组内是不平衡的，但各组之间的组织结构及实力是均衡的。这样分组的好处是利于学习小组内部合作，让比较优秀的学生在组内发挥带领作用，也有利于激发各组之间的竞争。在平常的课堂教学中也有"随意"分组的情况，如前后桌为一组。这种方式的特点是不打乱座位秩序，针对一些难度不太大的问题展开讨论，比较方便省时。

学习小组的组成应该保持稳定，不宜随意更换，以利于各小组在已经比较适应的、以默认的方式，在熟悉的氛围中展开讨论。

二是明示议题。在分组之前教师应明确展示将要讨论的问题，议题应紧密结合课文教学的中心、重点或关键点、难点。最好写在黑板上。还可以提示一些讨论方向、提出一些讨论要求或注意事项，等等。

三是人人参与。分组合作学习成效如何，主要的表征不在于问题的解决是否正确完满，而在于是否做到了人人参与。小组内学业基础无论高低的同学都积极热心地投入了，组内出现了积极发言讨论的气氛，这是小组合作学习最有价值的一个方面。

四是随机答疑。教师始终密切关注各组谈论的进行状况，随时准备解答一些学生讨论中临时产生、需要老师给予帮助解决的问题。教师回答问题的方式最好是提示性的或提供参考信息的，不宜一下子给出答案。

五是成果展示及总结。各小组组长分别汇报讨论结果，教师简要小结。教师的总结要就讨论议题的正确答案进行适当阐述，肯定学生合作探究的积极性，对讨论中的不足之处或错误要纠正。教师应对表现突出的小组和个人进行表扬，对学习基础相对较差但能积极参与的学生，给予支持和鼓励。在某些议题下，可以要求小组长进行书面总结，侧重在描述小组讨论合作状况，总结经验，提出下一次小组合作学习中应注意的问题。

小组合作学习也可以在校外开展。教师应鼓励有意向的学生在校外合作交流学习。小学生校外小组合作学习可以采用专题讨论的形式。就大家共同感兴趣的问题，进行有计划的分工合作，以讨论形式获取问题的解决，得到共识。

3. 探究

探究活动在校内外都可以组织，但探究课题比较大，或与现实生活联系较为密切，需要做一些现场观察调研搜集材料、数据的，往往在校外小组合作学习中组织进行。探究性合作学习的实施步骤通常是这样的：

课题的产生：探究性合作学习的课题应源于小学生日常生活的观察接触。可以在众多有意思、有疑惑的现象或事物中，抽取最感兴趣的问题作为小组合作探究的课题。可以拟出多个课题备选，请教老师。教师在指导学生选题时，应综合考虑课题的难度、实施安全性、学生是否具备相应的条件、课题与语文教学的关系、课题对于学生的成长价值，等等方面，提出来与学生商讨，最后再做决定。探究过程的时间分配、资料搜集、成果记录等，教师要帮助学生精心筹划组织。教师还要指导学生学会与人合作。

资料的搜集整理：搜集资料是为了做有米之炊。这项工作可以分工合作来做。将拟搜集的资料按内容用处、载体类型、搜集难度等因素分类，然后分工，各行其是。资料搜集总的来说是需要宽泛一些，详尽一点对研究是有利的。

实地观察或调研：有些课题需要实地观察调研。此种情况下应该是小组成员整齐上阵。一是为了保证观察的详尽全面，不遗漏。二是为了保证各项观察任务，包括观察记录、实物证据收集、即时问题处理等能够及时完成。三是为了让每个人都获得切身的体验。这种体验与课题结论不一定有直接关系，却是小组合作专题探究所必须获得的成果之一。

分析资料得出结论：这个阶段对于学生的知识储备是一次考验，对于学生的分析、综合、判断等思维能力，是一次宝贵的训练和提高机会。对于整个专题合作研讨活动来说，得出结论并不是最重要的。最重要的是从搜集资料到分析处理、得出结论这整个过程中所获得的经验和内心体验。

源于好奇的探究是人类的天性，也是孩子的本性。孩子们充满好奇，渴求知识、渴望成长，他们心中永远有十万个"为什么"。孩子们的好奇和探究心理往往是自发的、随机的、散乱的和短暂易逝的。在学校教学中，教师利用学生内在的探究欲望，给予他们有意义和有一定趣味的问题，给予鼓励和帮助，就可以使他们进入有意义的探寻，进入新的学习领域。

（二）当前语文阅读教学中不符合"自主、合作、探究"学习方式的一些表现

"自主、合作、探究"的学习方式是对传统教学忽略学生主体地位的惯性的纠正。传统教学偏重于教师讲解，学生以"听"为主，跟着老师思路转，教学的整个过程缺乏动力、缺少兴趣、缺乏跌宕起伏。我们可以把不符合"自主合作探究"教学方式的课堂教学，概括为"三多三少"的教学：教师讲得多，学生回应少；现成知识和结论多，探究生成少；表面漂浮多，深入体验少。以下略加分析：

1. 教师讲得多，学生回应少

这种状态凸显了教学缺乏师生之间的互动，是典型的"一言堂"。教师讲得多，或者是因为教师对教材内容的把握还不够明晰，或者反映了教师对教学目标的把握还不够明确，或是因为教师对教学重点的提取还不够精要，更可能暴露了教师的教学设计没有考虑到、兼顾到学生的主体地位。还有一种不容忽略的可能性是教师的讲授过于空泛，导致学生"找不到感觉"而无法回应。一个老师的教学课，如果学生总是回应寥寥，反应淡漠，其责任大都是在教师这方的。

教师的"讲"是其主导作用的体现，没有教师的讲，学生的学就可能发生读无头绪、思无重点、用无方法的窘态。但教师的讲不是简单的再现、重抄教材文本，而是要告诉给学生一些或激发他们阅读兴趣、或帮助他们扫除阅读障碍、或提示他们抓住重点、或点拨他们理解要津、或启发他们思考方向的东西……总而言之，讲的核心目标是"导"。

《义务教育语文课程标准（2011年版）》指出："阅读教学是学生、教师、教科书编者、文本之间对话的过程。"这种多元对话是用有声语言和理解、默契、探究、质疑等无声语言来进行的。有声语言对话更多地发生在课堂上，主要是发生在教师与学生之间。师生之间的互动对话，是教学活动的常态，是最为见效的一种教学形式。有无师生之间的互动，是衡量一堂课教学氛围的渲染和学习兴趣的激发是否到位，教学课题的启动或任务的展开是否诱人遐想、引人关注、发人深思的一个表征。

2. 现成知识多，探究生成少

有的老师习惯于将一课的知识点明明白白地告诉给学生。讲重点、释疑难、给答案，生怕学生不知道、晚知道，把馍嚼碎了喂给学生。还怕学生掌握不好忘记，考试不过关，于是布置繁多的作业让学生完成（这也往往是学生学业负担过重的一个原因）。

被动灌输的知识往往理解不深、记忆不牢、应用不灵。未经全身心参与到学习实践中去打磨，扎实的语文能力难以形成。在这方面，建构主义理论的一些认识和主张对我们颇有启发。建构主义认为，知识是学习者在一定的社会文化背景下，借助他人的帮助，利用必要的学习资料，通过意义建构的方式获得的。在这里，"意义建构"是关键词，它概括了知识在学习者大脑中形成的一个动态生成过程。知识是经由"建构"（一个与已知和新知元素相关的较为复杂的生成过程）而获得的，而不是简单地通过师生的授受，就像货品交接那样得到的。建构主义提倡在教师指导下的、以学习者为中心的学习。建构主义眼中的学习过程不是一种"线性的发展过程"，而是一个复杂的、涉及诸多因素的综合的过程。在这个过程中，学习者融入各种建立在原有知识基础上的有意义活动中，一步又一步地思考，从而获取知识。获得知识的多少，取决于学习者根据自身经验去建构有关知识的意义的能力，而不取决于学习者记忆和背诵教师讲授内容的能力。这样的学习观必然会充分重视学习者的主观能动性，强调学习者的主体地位。这就为课程标准倡导的学习方式、为学生的"自主"提供了合理的理论基础。

在课堂教学中，学生的主体能动性主要表现在，他们在教师的指导下，关注教学课题并受其中的问题驱使，开动脑筋寻求答案，即处在探究的过程中。这种"问题探究"事实上应该成为课堂教学最主要的活动形式。

"问题"是驱动学生思考探究的原动力。教师深入研读一篇教学例文，在头脑中形成了此次教学需要提出和解决的课题，即此次教学活动（不一定仅有一堂课）主要是达到什么目标、解决什么问题、获得什么认识和结论、学生能由此获得哪些知识和能力。教师根据此一课题，以引导和驱动学生思考探究为目的，设置若干个问题。在语文教学活动中出现的"问题"，是直接或间接地表达或蕴含在教学例文中的。问题可能与教材局部内容有关，更多的则关系到教材整体的意或结构。语文阅读教学通常从例文阅读开始，而最佳的推进方式是用问题推进或用问题深入。这样做的目的是明确的，一是驱动学生思考、进入学习角色、学习状态；二是引领学生的思考方向；三是在问题探索过程中形成新的知识和能力。

3. 表面漂浮多，体验感悟少

统编教材采用"人文主题"和"语文要素"双线结构组织教学单元，选用的范文绝大多数是文学、叙事类文章（包括古诗文），丰富的人文内涵与丰富的语文知识并存。教材通过单元提示、教学参考书、课后练习题等，对于两方面都兼顾着做了指点和提示。然而有的教师在备课、上课中，在工具与人文两个方面都简单地给学生以比较现成的浮浅的知识说明或讲说，而不太注重和不善于指导学生在语言形式和内涵交结的品析中去琢磨、体验、感悟和理解。这样，不论是语文要素还是人文内涵，学生的理解把握都还是比较浮浅的。

案例 《浅洼里的小鱼》教学实录：

（课件出示男孩捡鱼图片，学生自由朗读）

师：找找课文哪段写了男孩听懂了小鱼心里的话。

生：不停地捡起每一条小鱼扔回大海。

师：哪个词让你体会深刻？（课件展示第二段）

生：扔，捡，说明男孩爱小鱼。

师：既然那么爱小鱼为什么走得那么慢啊？

生：怕漏掉小鱼。

师：为什么那么用力？

生：怕海浪打回来。

（大屏幕展示加点的字： 走、弯、捡、扔）

师：这是老师体会得深的字，谁观察到了这些字都是描写什么的？

生：描写动作的。

师：现在老师让大家体会一下小男孩捡鱼的动作，老师来读课文。大家来做动作。假如你的面前就有一个浅水洼，里面有很多被困的小鱼，老师朗读不停，大家就不停地捡。

（师读，生做捡、扔的动作）

（师提问学生有什么感受，生答）

作者点评：抓住"走、弯、捡、扔"等词语，引导学生结合自己的亲身感受来体会小男孩珍爱生命、保护动物的意识。

师：看到这个情景，我的心里产生了疑问，水洼里有成千上万条小鱼，小男孩是捡不完的，那他为什么还在捡？谁在乎呢？

生：小男孩在乎。

（生读课文，把"这"字读得一个比一个重）

师：为什么把"这"读得这么重？（课件展示）

生：因为在乎。

师：明知道救不完还在救，小男孩有颗怎样的心？

生：爱心，坚定的心，爱护大自然的心。

师：大家说得都对，正因为有爱心才会做这件事，大家齐读最后一部分吧。（完成板书）

作者点评：抓住"这"字的朗读，联系对"在乎"这种意愿的体会(内核是价值判断)，指导学生通过朗读来感受小男孩对生命的珍爱。凸显了学生的参与以及同教师的互动。

教师抓住课文中故事内容的两个方面：一是描写小男孩动作的几个关键词以及"在乎"这个词语；二是抓住男孩救助小鱼的行为动作细节，让学生朗读、和学生对话，促进理解感悟。师生互动促成了对课文的理解。不但在语境中落实了对字词内涵和用处的领会，以及对细节描写的体会，更让学生领会、感受到了善良爱心、高尚情怀的教育熏陶。课文的语文要素和人文内涵在教学中都得到重视和呈现。

在这个案例中，学生学习的"自主"性主要表现在两个方面：一是主动参与，表现在饱满的学习兴趣中。《浅水洼里的鱼》这个简短的故事本身就能够吸引这些差不多和故事主人公同龄的学生，再加上老师教学语言的吸引激发，都是诱因。二是学生与老师之间的默契互动，即与老师对话、回答问题，跟进教学进程，用身体动作配合老师的朗读。整节课教学课题的解决是在探究中完成的。

［资料来自刘海荣《浅水洼里的小鱼》（原人教版二年级教材）课堂实录与评析，《内蒙古教育》2012年1月］

第二节 综合性学习

一、小学语文综合性学习的意义

《义务教育语文课程标准（2011年版）》在"实施建议"中指出："教学中努力体现语文的实践性和综合性"，"沟通课堂内外，沟通听说读写，增加学生语文实践的机会。充分利用学校、家庭和社区等教育资源，开展综合性学习活动，拓宽学生的学习空间。"课程标准对综合性学习活动的教育作用是寄予厚望的。

语文综合性学习是以语文学习为依托的一种综合性的课程组织形态，它以问题（课题、主题）为中心，选择学生学习或社会生活的一些话题及学生关心的问题加以筛选提炼，形成综合性的学习课题，组织学生开展学习探究活动。这种探究性活动就是综合性的学习实践。探究性学习活动的主要形式特点是"综合"，即将知识与经验、理论与实际、课内与课外，本学科和相关学科、校内与校外结合起来，搜集、整合各相关方面与探究主题有关的信息，用于学习、观察、探究。探究后所获得的各种信息将得到再次的筛选、提炼、整合，从而产生探究课题所期待的知识验证或新的认识、结论。然而，就某一个课题得到新知或结论，并不是探究性学习的最终目的。

探究性学习课程的主要教育目标,是帮助学生以语文学习为基础,综合多学科,联系多领域,进行学习探究,以推动学生语文素养的整体提高和协调发展。

语文综合性学习课程的设置是时代发展和社会进步对于人才培养的需要。进入21世纪以来,人类社会越来越紧迫地面临着各种各样的难题,如文化分歧、生态恶化、粮食能源短缺等,这些难题时刻威胁着人类的生命生活安全,而这些难题都不再是依靠单一学科、单一门类的科学技术就能解决的,必须依赖多学科的共同努力。人类世界必须更加重视和更好地协调人与自然的关系,更加充分地继承和发扬人类文化优秀遗产,处理好人与人的关系、人与物的关系、人与自然的关系、国家与国家的关系,更加重视和处理好科学技术、经济发展与人的生命需要和人文精神的关系等,让人类社会的发展从单一走向多元。

在上述背景下,人们对"人才"提出了全新的要求。21世纪的人才必须具有广泛的知识基础、坚实的人文积淀,具备高度的科学文化素养和开拓创新能力。脑科学的研究成果告诉人们,人脑是以整合的方式而非分散的方式对知识进行加工的,这就要求人具有综合运用各种学科知识分析和解决复杂问题的能力。心理学研究也得出了相应的结论,人的心理和智能是在庞杂信息分化而又统一的基础上协调发展的。由此可以看出,优秀人才的标志不再是知识的积累和技能的熟练,而是拥有在复杂情境中不断学习求知并且善于整合知识的能力、良好的分析问题和解决问题的能力、交流与合作的能力,等等。新一轮课程改革提出了"综合性学习"的目标,正是顺应了人才培养的这一要求。教育部2001年颁布的《全日制义务教育语文课程标准(实验稿)》首次把"综合性学习"纳入语文课程体系之中,同"识字与写字""阅读""写作""口语交际"诸项课程任务并列,构成了语文课程的有机组成部分。

语文综合性学习也是语文学科自身的综合性、实践性特点的必然要求。语文学科包罗万象,上至天文地理、下至鸡毛蒜皮,远起三皇五帝，近到当代中国，大到整个语文系统，小到一语音一汉字，呈现出千姿百态、广袤无垠的境界。语文材料、语文工具、语文要素、语文意义、语文精神、语文文化、语文历史、语文应用……这些构成了多方位、多层面、多功能、立体式的语文这一综合性学科。语文学科的综合不仅是听说读写的综合，在功用上，它整合了语言、文字、逻辑、修辞、文学等多种功效；在内涵上，语文文本内容更是包含了文史哲、天地生、数理化等社会科学和自然科学各个领域的知识。语文是记录、存储、传播、交流、欣赏享用人类全部信息材料的工具，是人与人之间相互沟通和理解的纽带，是传承人类文化的使者。语文学科记录了历史，同时也与现实生活、与人类实践活动须臾不可分离。正如美国教育家华特·乃·科勒涅斯克所说："语文学习的外延与生活相等。"语文学科自身的综合性和实践性，不是一种"人设"，而是它自身的品质。这正是我国中小学语文教育需要综合性学习的直接依据。

二、小学语文综合性学习的教学目标及其启示

《义务教育语文课程标准（2011年版）》指出："语文学习应注重听说读写的相互联系，注重语文与生活的结合，注重知识与能力、过程与方法、情感态度与价值观的整体发展。综合性学习既符合语文教育的传统，又具有现代社会的学习特征，有利于学生在感兴趣的自主活动中全面提高语文素养，有利于培养学生主动探究、团结合作、勇于创新的精神，应该积极提倡。"（课程标准"课程基本理念-积极倡导自主、合作、探究的学习方式"）在这里，课程标准简括地指明了小学语文综合性学习的意义和要求，这成为课程标准划定小学综合性学习目标的依据。

课程标准在"课程目标与内容"中，明确规定了小学六个年级三个学段综合性学习的目标内容（如表4-1所示）。

表 4-1 小学语文综合性学习分段目标

总目标		能主动进行探究性学习，在实践中学习、运用语文
阶段目标	第一学段（1~2年级）	① 对周围事物有好奇心，能就感兴趣的内容提问题，结合课内外阅读，共同讨论。② 结合语文学习，观察大自然，用口头或图文方式表达自己的观察所得。③ 热心参加校园、社区活动。结合活动，用口头、图文等方式表达自己的见闻和想法
阶段目标	第二学段（3~4年级）	① 能提出学习和生活中的问题，有目的地搜集资料，共同讨论。结合语文学习，观察大自然，观察社会，书面和口头结合表达自己的观察所得。② 能在老师的指导下组织有趣味的语文活动，在活动中学习语文，学会合作。③ 在家庭生活、学校生活中，尝试运用语文知识和能力解决简单问题
阶段目标	第三学段（5~6年级）	① 为解决与学习和生活相关的问题，利用图书馆、网络等信息渠道获取资料，尝试写简单的研究报告。② 策划简单的校园活动和社会活动，对所策划的主题进行讨论和分析，学写活动计划和活动总结。③ 对自己身边的、大家共同关注的问题，或电视、电影中的故事和形象，组织讨论、专题演讲，学习辨别是非善恶。④ 初步了解查找资料、运用资料的基本方法

（一）关注目标要求的层递性

从表 4-1 可以看到，小学语文综合性学习三个学段的教学目标之间，既有相互联系，又具有明显的层次性，从低学段向中高学段逐层递进。一方面，各学段学习的侧重点不同，另一方面，综合的内容逐步提升、范围逐渐扩大，学习方式方法的操作难度及其预期成效逐渐增大。例如，作为学段综合性学习起点的"基于学习和观察提出问题、研究问题"这方面，第一学段要求是"对周围事物有好奇心，能就感兴趣的内容提问题，结合课内外阅读，进行讨论"；第二学段的要求则是"能提出学习和生活中的问题，有目的地搜集资料，共同讨论……"，增加了"有目的地搜集资料"的要求，这明显是学习主动性和学习方法目的性的提高；第三学段的要求则是"为解决与学习和生活相关的问题，利用图书馆、网络等信息渠道获取资料，尝试写简单的研究报告"。第三学段提升了对学习方式方法的扩展性要求，既增大了学习难度，又为学习的深度推进指明了道路。

我们注重培养学生的问题意识。入学不久的小学生，对周围事物和书本知识充满着好奇和疑问，综合性学习就是要培植、保护和发展学生的这一心理倾向。通过问题产生、问题探讨、问题解决，让学生从刚开始时对周围事物的好奇，发展到在真实具体的生活情状中敏感地意识到自然和社会的复杂性和多样性，发现有趣味、有意义、有价值的问题。而对于发现问题后的解决问题，从课程目标第一学段的一般讨论，到第二学段有目的地搜集资料，进行讨论，再到第三学段尝试写简单的研究报告，进行专题讨论和演讲，真可谓环环相扣、循序渐进，学生的思维能力得到锻炼和提高。并且，在这个过程中，学生的情感、态度和价值观也会得到相应的发展。

（二）引导学生注意观察，善于观察，表达观察所得

对自然现象和社会现象的留心观察，是语文综合性学习的重要环节。《义务教育语文课程标准（2011版）》要求，要指导学生"养成留心观察周围事物的习惯""用口头或者图文的形式表达自己的观察所得""应注重培养学生观察、思考、表达和创造的能力"。课程标准在"课程目标与内容"中，从"观察大自然，用口头或图文等方式表达自己的观察所得"（第一学段）过渡到"观察大自然，观察社会，书面与口头结合表达自己的观察所得"（第二学段），两个学段的观察对象由简到繁、由易到难，从观察自然到观察社会，并且要求教师指导学生，在观察行为完成后，都要表达自己的所得。所谓"所得"，不仅是从观察对象所得到的外形状貌之类的东西，还应该有从观察体验中悟出的观察方法、得到的观察经验和种种体验，要有对这些宝贵所得的梳理和表述。

这样，学生的观察实践与总结表达，就经历了由感性到理性、由

体验到表达的多重循环，观察能力提高了，思维头绪理顺了，语言表达能力也得到了一次次实实在在的训练。

我们知道，观察是知觉的一种高级形式，它是有目的、有计划的知觉活动。"观"，即视、听、触等感知行为，"察"即分析思考。这就是说，观察行为是以视听感觉为主，结合其他感觉所得，即时与观察者大脑积极的思维活动相融合，获得综合的观察印象。观察能力的高低直接影响着人们感知的准确性，影响着人们想象力与思维能力的发展。这就是《义务教育语文课程标准（2011年版）》在"课程目标与内容"中专门设置观察学习目标的缘由。

（三）组织学生开展各种类型的活动，进行跨领域的语文学习

课程目标在三个学段中都明确提出了参与活动的综合性学习要求。

第一学段，热心参加校园、社区活动，结合活动，以多种形式表达见闻和想法；第二学段，在教师指导下组织有趣味的语文活动，在活动中学习语文，学会合作；第三学段，能策划简单的校园和社会活动，并且能够根据策划的主题学写计划和总结。

"活动"是学生在接受学校教育中最常见的学习方式之一。"主题引领"是活动最大的特点。班集体围绕一个统一的主题展开活动，各自扮演自己的角色并相互配合。也就是说，学生的个人主体性和班级合作性结合起来。主题引领的主题通常和教材内容有关，是配合教材教学的。活动可以突破课堂教学时空环境的束缚，到教室之外乃至校园之外进行，学生喜闻乐见。因此，课程标准也特地给予"活动"一席之地，并郑重地提出了目标要求。

这部分目标要求应注意的是，几个学段中活动目标的要求是渐次提升的。第一学段是"参加"，第二学段上升到"组织"（在老师指导下组织语文活动），第三学段发展到"策划"。从参与者到组织者到策划者，综合性学习活动的领域和要求在不断拓展。这就意味着，在较

低年级上课的教师应关注到学生在此一学段学习之后的继续发展是怎样的，从而有意识地把握好此一阶段教学的侧重点和分寸。高一级学段的教师也应该知晓学生在前面学段已经学习了什么，打下了什么样的基础，以便做好自己的教学计划。

（四）注意培养学生搜集和处理信息的能力

《义务教育语文课程标准（2011年版）》在第二学段提出了"有目的地搜集资料"的要求；在第三学段提出了"利用图书馆、网络等信息渠道获取资料"的要求，并且进一步提出了"初步了解查找资料、运用资料的基本方法"的要求。在学生学龄尚短、知识学习尚在比较简单幼稚的阶段，课程标准就安排了"收集资料""运用资料"的学习要求，足见"搜集掌握运用资料"在求知、慕真、审美、研究问题、做学问、创造发明这些过程中的极端重要性。

三、综合性学习的实施步骤

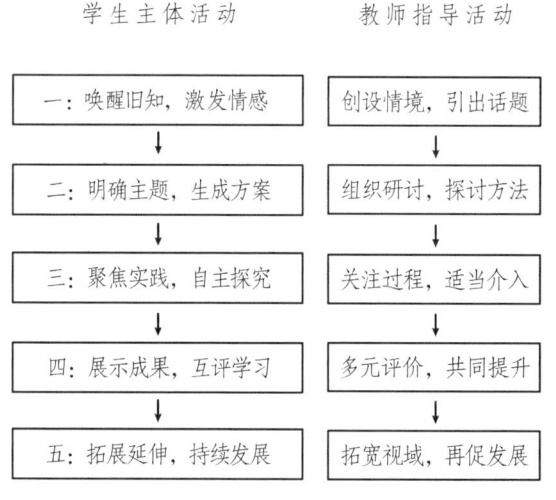

图4-1 综合性学习实施步骤表

2011年《义务教育课程标准》首次提出"综合性学习"课程任务

以来，全国各地中小学校进行了学习课程标准精神，实践、试验"综合性学习"课程的探索和努力，初步积累了一些经验。在课程实施方面，有人总结出了以下这些步骤，对于各地学习综合性学习的进一步实施发展有一定的参考作用。

步骤一：唤醒旧知，激发情感。按照知识学习的建构理论，新知的习得是在原有知识框架下与新知信息相互作用中形成新的建构。据此，教师要善于根据学生现有的知识积累和认知水平，唤起旧知与新知的关联，引发学生心智情感的积极体验。教师给出一个积极的话题，在学生的关注和议论中，逐渐将话题导向一个大家感兴趣探究的问题。在学生热议中，教师抓住时机，将问题匡正概括为新的学习主题。如果得到学生的积极支持，一次综合性学习活动的主题就诞生了。

步骤二：明确主题，生成方案。学习方案的生成过程，应是学生积极开动脑筋、驱动兴趣、生发想象、联想推理、释放心灵、展示个性、提出各自的设想的过程。在生生互动、组际互动等多种形式的交流碰撞中，在充分体察学生意愿和倾向的基础上，在慎重分析活动条件和预期成效的基础上，教师拍板形成此次的综合性学习方案。

需要说明的是，学习活动方案应有一定的弹性，给学生留下根据自身条件和兴趣爱好自由处置的空间。在专题统一目标一致的情况下，也可以做些局部的或细节的调整，适当打破整齐划一的安排。

步骤三：聚焦实践，自主探究。按照议定计划，进入实施阶段。学生带着兴趣和好奇心开始亲历实践，亲身体验。在行动中，新鲜的事物和情景，或者事先意想不到的问题、困难会出现。此时此刻、此情此景，有经验的教师会露出"狡黠"的笑容。因为这就是综合性学习活动较之课堂文本学习精彩的地方、给人考验引人入胜的地方。它给了学生"在做中学"，综合运用已有知识，积极思考、大胆尝试，解决问题、形成能力的机会。这就是实实在在的自主探究，也是让学生释放身心、充分体验的机会。

步骤四：展示成果，互评学习。成果汇报阶段也是总结经验、交流体验和感受的阶段。经验和感受本身就是综合性学习预期达成教学目标的重要组成部分。综合性学习的主要价值不在结果而在过程,不在可以直接看见、可以计算的那些"成果"上,而在于学生心灵的体验、认识和经验之中。因此,教师要鼓励学生以不同的方式展示体验感悟,以及活动中经历的问题、困难、疑惑、焦虑和尝试、探究,以及最终解决问题的过程。要关注"遇到些什么问题?""当时心情怎么样?""想了些什么办法?""问题解决没有?""你是怎么解决的?""你得到了什么帮助?""有过什么失误?""发现有什么危险吗?"之类的问题,引导学生结合自己在活动中的实际经历来回答和讲述。如教师这样想了、这样做了,那就想到、做到语文综合性学习的点子上了。

步骤五:拓宽视域,再促发展。在一定的综合性学习实践活动经验的基础上,可以逐步扩展综合性学习活动的课题领域,例如,语文学科与历史、地理学科之间的交集领域,语文学科与音乐美术学习之间的交集领域,也可以是活动参与方式、人员、地域等的扩展。例如,与相邻城市或乡镇的学校合作开展综合性主题学习活动。比如遵义市红花岗区某学校与赤水市、习水县的学校联手开展"红军长征在遵义"的综合性学习主题活动,那不是很好的一次综合性学习活动吗?

四、综合性学习案例分析

下面这个案例来自广州与江阳两所学校跨区域网络通信合作的语文主题活动,内容、方式丰富多彩,教育效益多样实在,完全具备语文综合性学习的特点和要求,展现了综合性学习的优势和魅力。

案例 利用网络手段开展语文主题活动:
广州市龙口西小学四(4)班和江苏省江阴市要塞实验小学五(6)班"牵手",通过网络平台连接,跨地域协作,开展了一次令人难忘的"秋天的叶子"主题活动。其程序、活动方式、内容大致如下:

（1）发起。利用博客发布"秋天的叶子"主题活动启事。

（2）搜集资料、互传。互动启示发布后，学生开展观察探究活动的兴趣瞬间被激发起来。学生积极搜寻资料，初步整合信息并通过博客互传展示。

——有的在网上找到银杏叶、枫叶和其他树叶图片。

——有的找到科普文章《树木到了秋天为什么会落叶》《榕树》《枫的颜色》……

——有的找到赞美秋叶的习作、文学作品。

——有同学甚至还弄到了一个"秋天的叶子"的视频。

（3）教师精选，学生自主阅读分享。学生在阅读中获取知识，尝试整合知识、交流感受，提出疑问。一位同学说："读了《树木到了秋天为什么会落叶》，知道了树叶飘落后，与大地融为一体，吸收了土壤的养分，又生出新的嫩芽。我不会再为树叶的飘落而惋惜。"

（4）走进校园、小区、植物园等进行实地观察、探究、体验。要塞实验小学五（6）班的学生主要观察、研究了梧桐、银杏、枫树等植物的叶子，龙口西小学四（4）班学生则重点观察了榕树、丹桂、杨桃的叶子。完成后，再互相把种子、绘画作品、照片和书签邮寄或拍照上传网络，供给合作班学生分享。

（5）通过视频网站交流。他们还把各自重要的活动拍成录像，上传到视频网站，利用网络呈现、交流两地活动实况。

在课题实践过程中，学生经历了"阅读→知识提取与写作→分享→再读→实地考察研究→再读、知识整合与写作→再分享"这样一个过程。好奇的、有目标冲动的阅读，与好奇的、实地实物实景的考察研究与知识整合结合在一起。知识学习与整合成为一种自觉与主动的行为，成为一种合作与分享。这里最容易被忽略却又非常重要的一点是知识被吸收、被理解、被整合、被分享的过程，是伴随着生命的律动和审美愉悦的。

在这个案例中，综合性学习活动的优势是明显的：第一，它摆脱了校园和教室环境的束缚，给了学生以广阔的活动空间；第二，它摆脱了课堂教学的僵化程式，给了学生灵活多样的活动自由；第三，它摆脱了教材预定学习内容的束缚，让学生带着对自己感兴趣事物的关注和问题"向前走"；第四，它没有"预设答案"或者"标准答案"，教师尊重学生发现的一切，因为综合性学习重过程、重综合效应，其主要关注点并不在于哪一个具体知识问题的答案；第五，这次主题活动首先应该赞赏的是语文的听说读写能力在生活现实和问题内容中全面展开，实现了语文学科知识和能力的整合，同时活动课程拥有的广阔空间，让探究的触角延伸到地理、生物，延伸到文学、科学，实现了多学科、多视域的结合，甚至将学生的目光、憧憬延伸到历史和未来。

综合性学习面向多方面交互、整合、融通的可能性，有着众多的选择。其中包括内容的结合融通，如语文学科知识学习与其他学科有关知识学习的结合；形式的结合融通，如专题研究、数据统计、问题讨论、情况汇报等多种方法的结合使用；还可以是课内与课外，校内与校外学习环境的有机结合。这些综合手段都指向重要的目标——全面提高小学生语文素质，提高他们综合运用所学知识解决实际问题的能力；培养他们以语文为基础，联系多学科知识，在丰富的生活主题中融通整合的能力；培养他们勤于探究、善于合作、勇于创新的精神，让他们通过深识自然，深入社会，增强自己的社会责任感。

综合性学习在校内和校外都可以组织开展。但我们要注意的是，学校课堂是一个简化、净化和稳定的学习环境。语文教育依靠精心编写的教材施教，教材的编写依凭国家教育方针，儿童认知发展的规律、成长的规律，依靠民族文化的丰富历史积淀（也包括少量引进域外文化的有价值材料），精心策划，尽取精华。一套教材就是一个浓缩了的民族文化套餐。教材的选精用华，也是教育事业集约化和效率化的需要。但我们也要看到，教材虽然记录了生活实践、反映了生活实际，一定程度上再现了生活，但不管怎样，教材中的生活是模拟的、抽取的、与真实生活有所距离的。教材无法完整地代表生活。然而，真实的生活环境、情景，却是人类语言学习的最佳条件、最优境遇、最好渠道。因此，应该创造条件让孩子们的语文学习尽可能频繁地、自然地沉浸在生活实践中。

综合性学习就是这样一个理想的补充渠道。

综合性学习有助于大大拓宽学生学习的内容、渠道和环境，大大拓展学习实践的深度和广度，给学校、师生宽泛的选择机会。语文教育综合性学习中，教师要求学生并指导学生进行的，最重要的是要学会观察生活、观察事物，认识生活，学会记录生活。丰富的生活观察和生命体验，是获得丰富语言积累，丰富人生经验，以及深厚人文涵养的前提。它是一个人学好语文、用好语文工具的必备条件。虽然综合性学习在学校课堂或校园环境中也能够设计开展，但鉴于校内环境条件的局限性，我们主张中小学综合性学习还是要更多地选择到校外的社会环境和自然环境中开展。有的学校、教师顾虑校外环境下学习活动管理的麻烦与困难，以及校外环境下综合性学习活动获取信息的多样性和丰富性。信息筛选、存储、提取、加工，到最后的整合，等等，对于学生的知识基础和教师的文化积累，都可能会形成挑战。于是便有许多顾虑。但是，这种困难是可以克服的。如果中小学综合性学习因为这些顾忌而不能走向自然和社会，将会使这门课程的作用大打折扣。

第三节　学生课内阅读与课外阅读

这部分讨论的是以课堂为学习环境的阅读与学生在课外环境下的阅读的结合。鉴于此前的讨论内容均为课堂环境下的阅读的教学，所以这一讨论部分将基本略去课堂环境内阅读的部分，主要讨论学生的课外阅读如何与之配合的问题。这里要强调说明的是，在统编小学语文教材中，学生课外阅读也已经纳入课程教学范畴，因此，它仍然应该是教师指导下阅读学习。所以以下的讨论中仍然会触及教师在学生课外阅读中的指导作用。

一、课外阅读的意义和特点

《义务教育语文课程标准》（2011年版）明确指出："要重视培养学生广泛的阅读兴趣，扩大阅读面，增加阅读量，提高阅读品位。提倡少做题，多读书，好读书，读好书，读整本的书。"（课程标准"教学建议"）课程标准在另一处又述及："语文课程资源包括课堂教学资源和课外学习资源，例如：教科书、相关配套阅读材料、其他图书、报刊、工具书、教学挂图……"（课程标准"课程资源开发与利用的建议"）课程标准的这些阐述，都与学生的课外阅读密切相关。就是说，课外阅读是语文课程不可或缺、不能忽视的阅读教学重要环节。

学校课堂阅读教学之外的课外阅读，其意义首先在于阅读量的增加对于提高学生阅读理解能力和相关素养的作用。"读书破万卷，下笔如有神""熟读唐诗三百首，不会作诗也会吟"。这是人们的直觉经验，也反映了阅读增智的客观规律。这种阅读观念一直延续到现代社会、现代教育，例如，它常常被导向以课外阅读促进学生语文表达技能的功用。"以读促写"就是一种代表性的观点，即"读"服务于"写"，"读"的积累是"写"的基础，"写"的材料内涵是"读"的积累提炼。阅读能够促进学生的口语表达能力、理解能力和习作表达能力。

古今中外教育名家都倡导课外阅读。我国最早的教育学专著《学记》说："大学之教也，时教必有正业，退息必有居学。"这是主张要将课内学习与课外阅读相结合。当代语文教育大家叶圣陶先生说："学生在校读书时必须阅读课堂以外的书籍和文章；以后踏上社会以后也要阅读各种书籍和文章。这种阅读就是所谓的应用。"[1]叶圣陶指出了语文课内课外阅读是人们安身立命的需要。

---

[1] 叶圣陶、朱自清：《略读指导举隅》前言，商务印书馆2009年版。

课外阅读更加具有价值的方面，在于它对学生精神品貌的内在浸润。这种对"读"的解析指向阅读的深层和内在的意义，强调阅读对于阅读者文化素养潜移默化的熏陶和感染。这种熏陶感染能够给予学生精神食粮，开阔、升华学生的视野，充实、深化学生的人生观、世界观和审美观念，深刻而又全面地提升学生的人文素养。

课外阅读较之课内教学阅读，其形式与功用都具有明显不同的特点。课外阅读是学生阅读自主性最鲜明、最突出的阅读实践活动。课内阅读中，书目选择、文本内容，阅读重点、阅读要求、阅读程序、阅读教学目标，教师的阅读指导等，都是预先设定的，与学生的个人选择没有多少关联。与此相比较，课外阅读从书目读物的选择到阅读环境，阅读过程，阅读后的反思、拓展等，都主要由学生自主处理，学生的阅读个性享有极大的自主空间和发展空间。

因此，可以说，课外阅读并不是课内阅读的简单补充，也不是课内阅读的简单拓展。它是学生阅读实践中一个独立的环节。在这个环节中，阅读过程的预设、阅读目标的预期、教师的指导点拨等，都更多地致力于促进学生的自主阅读。可以这样说，课堂阅读教学是生产队长管理下的集体耕耘，个人课外阅读是农民独立耕种的自留地。课外自主阅读的阅读感受显然是不一样的。而其中最突出的，则是个性、兴趣影响着读物的选择、阅读时段位置和时长的控制以及阅读感受的自然生成。还有一个重要的相异点就是，每一次自主阅读都会在很大程度上影响和决定下一次阅读行为的选择。因此，对于具备了基础阅读能力的学生来说，课外自主阅读、个性阅读，可能是整个阅读实践中的天堂。

另一个事关阅读重要性的因素，即课外阅读是课堂阅读部分之外，完成课程标准要求的"义务教育阶段学生阅读量应达到400万字以上"这一任务的唯一通道。

《义务教育语文课程标准》（2011年版）总目标第二部分"课程目标与内容"第七条明确要求学生："具有独立阅读的能力，学会运用多种阅读方法。有较为丰富的积累和良好的语感，注重情感体验，发展感受和理解的能力。能阅读日常的书报杂志，能初步鉴赏文学作品，丰富自己的精神世界。能借助工具书阅读浅易文言文。背诵优秀诗文240篇（段）。九年课外阅读总量应在400万字以上。"

课程标准对小学每个学段的课外阅读量都做了具体的阐述，第一学段不少于5万字，第二学段不少于40万字，第三学段不少于100万字。为了落实课程标准的要求，统编教材基于"1+X"的阅读教学策略，特意创编了"快乐读书吧""和大人一起读""阅读链接""我爱阅读"等栏目（板块），将课外阅读纳入课程内容。这使得教材的阅读框架由原有的二元组合改变为精读、略读、课外阅读三元组合，实现了课外阅读与课内阅读的有机整合。这是一个提升课外阅读地位的重大举措。当然，这一革新的成果有待于课外阅读课程的实际有效开展和完成，才能使课外阅读真正发挥效力，而不至于成为装饰阅读大脑的花头巾。

二、当前小学生课外阅读现状

笔者查阅了多份近年来关于小学生课外阅读现状的调研报告或专题研讨文章，其中对课外阅读的描述和评价给了笔者两方面的印象：一是当前小学生课外阅读的总体情况向好，课外阅读的作用、重要性得到了教师、家长以及学生日益广泛的认同与重视，喜欢读书的孩子越来越多，课外阅读开始成为许多小学生校外学习生活的一部分；二是城乡学校学生的课外阅读兴趣、阅读实践和阅读条件、成效仍然存在较大的差距。

（一）从总体上看，课外阅读的积极作用已经得到社会各方面人士以及学生家长的认同和支持，课外阅读习惯正在更多孩子中形成

下面摘引几份调研统计材料加以分析说明。

（1）厦门市云顶学校的小学生课外阅读抽样调研报告《剖析课外

阅读现状，提升课外阅读效益》①。

此次调研是通过连续四年的家长问卷跟踪进行的，旨在对学生课外阅读的兴趣及习惯进行动态研究。

表 4-2 显示了小学生课外阅读情况的主要信息。

表 4-2　厦门市云顶学校小学生课外阅读情况

	调研内容	选项	2011—2012年度	2012—2013年度	2013—2014年度	2014—2015年度
1	您觉得您的孩子喜欢课外阅读吗？	喜欢，经常读	20%	47.36%	60%	68%
2	您对小学生课外阅读有什么观点？	非常必要，必须加强	92.1%	100%	100%	100%
3	您的孩子一有空闲时间会做什么？	看书	1.62%	35%	55%	62%
4	放学后，您孩子在家阅读课外书吗？	经常	21.1%	50.5%	60%	87%
5	孩子每天有固定阅读时间吗？	没有	74.42%	40%	30%e	20%
6	您平时在家看书吗？	有，经常看	4%	8%	9%	80.09%
7	双休日，您孩子在家课外阅读吗？	是	14%	60%	75%	100%
8	您孩子在何种情况下读课外书，主动还是被动？	主动阅读	—	30%	47.5%	52.38%
9	您会带孩子去书店买书或去图书馆看书吗？	经常去	1.16%	30%	65%	69.04%

---

① 王美平、钟芳仪：《剖析课外阅读现状，提升课外阅读收益》，《教育观察》，2018 年第 2 期，第 37 页。

表 4-2 中问题及答案（部分）：

"您觉得您的孩子喜欢课外阅读吗？"选择"喜欢，经常读"的比例由最初的 20%上升到第四年的 68%；

"双休日，您孩子在家阅读吗？"选择"是"的比例由 14%上升到 100%；

"您的孩子一有空闲时间会做什么？"选择"看书"的孩子从 1.62%（7 人）提升到 62%（27 人）；

"孩子每天会在固定时间阅读吗？"选择"没有"的，从第一次回答的 74.42%（32 人），下降为 20%（8 人）；

"你孩子在何种情况下读课外书，主动还是被动？"选择"主动阅读"的从 30%上升到 52.36%。

喜欢读、双休日在家读、有空时读、主动读……数据表明：已经有越来越多的孩子心有"阅读"，他们原来用于看电视、玩电脑游戏的时间正在越来越多地用到了阅读上来。他们的阅读兴趣明显提高，阅读正在成为一种自愿自觉的选择，孩子们的课外阅读习惯正在形成。

（2）浙江省义乌市××小学三、四、六年级 310 名学生的问卷调查报告《小学生课外阅读现状调查及对策》[①]。

非常喜欢课外阅读的人数占 51.6%，超过了半数；

比较喜欢课外阅读的学生人数占 30.6%；

不喜欢课外阅读的学生人数占 17.7%。

这份数据资料中"喜欢"和"非常喜欢"课外阅读的学生"比例合计达到了 82.2%，而且数据从 4 年前的较低数增长到了目前的较高数，其增长速度也还是比较快的，这是一个令人乐观的数据。

（3）辽宁师大郑艳、孙采文《中高学段小学生课外阅读现状分析及策略研究》[②]的问卷调查数据。

[①] 朱天晗：《小学生课外阅读现状调查及对策》，《语文教学通讯》，2020 年第 6 期，第 48 页。
[②] 郑艳、孙采文：《中高学段小学生课外阅读分析及策略研究》，《辽宁师范大学学报》（社科版），2019 年第 42 卷第 6 期，第 35 页。

对课外阅读有着浓厚兴趣的学生比例为 83.93%；

对课外阅读有一般兴趣的学生比例为 15.29%；

不喜欢课外阅读的学生比例为 0.78%。

这份抽样调查的样本来自 20 所学校中的 1999 名学生，样本数比较大，数据更加准确可靠。其中"喜欢"（一般的喜欢加上浓厚的喜欢）课外阅读的学生比例惊人地接近 100%。

以上 3 份调研统计数据足以说明，从总体上看，近年来小学生课外阅读的普及程度逐年上升，上升速度快、升幅大、达到了令人乐观的水平。

然而在此问题上我们还应该看到，上述数据都是来自城市学校的。农村（包括乡镇）学校小学生课外阅读，表现比较出色的学校与学生也是有的，但比例要小得多，在公开媒体上难以查找到有关的调研材料和报道。同样，也有调研数据说明，从总体上看，县以下城镇及农村小学生课外阅读状态与城市小学相比较是有差距的，需要弄明白相差的程度与导致差距的原因，下文将对此进行探讨。

（二）农村（包括乡镇）学校学生课外阅读情况

（1）贵州省凯里市第二十一小学吴永龙的《乡村小学生课外阅读现状及对策》[1]。

吴永龙通过对 4 所完小及 3 所校点发放问卷调查（问卷收集了 12 个班级，涉及学生 285 名、语文教师 33 名和家长 285 名），并和 6 位学校领导进行了细致的谈话采访，调查后发现：

小学生对课外阅读的兴趣并不浓、学生课外阅读的习惯尚未形成、浓厚的阅读氛围尚未形成。

（2）张鸿祥《关于农村小学生课外阅读的现状调查与研究》。[2]

---

[1] 吴永龙：《乡村小学生课外阅读现状及对策》，《贵州民族报》，2021 年 12 月 6 日。

[2] 张鸿祥：《关于农村小学生课外阅读的现状调查与研究》，《文理导航》，2018 年第 2 期，第 53 页。

张鸿祥通过问卷调查发现：

"你是否喜欢课外书籍？"，只有 11% 的学生表示"很喜欢课外阅读"；

有 33.9% 的学生很少接触课外读物；

有近 56% 的学生每天阅读的时间在 0.5 小时或没有；

有 18% 学生每天阅读时间为 1~2 小时。

数据显示：超过三分之一的学生很少接触课外读物，超过百分之五十的学生每天阅读时间不到半小时，甚至没有阅读。喜欢阅读的学生只有大约百分之十。这个数据是悲观的。它说明了有一部分小学生的语文学习犹如一只脚的行走，是不完整的。（数字虽然惊人，但作为省级教育科学研究课题，数据来源应当是可靠的）

（3）刘洪超在《农村小学语文课外阅读研究》[①]中提供的 790 份样本数的问卷调查数据：

表 4-3　农村小学生上一学期课外阅读量调查（N=790）

本数	人数	百分比（%）
1~2	354	44.81
3~5	261	33.04
5~8	104	13.16
8~10	71	8.99

数据显示：上一学期小生课外阅读数量及其所占比例从"1~2 本、比例 44.81%"，到"8~10 本、比例 8.99%"，逐渐递减。阅读数量最少的，仅 1~2 本，其占比则将近 50%；阅读数量最大的也才 8~10 本，其占比却低到 8.99%。

---

① 刘洪超：《农村小学语文课外阅读研究》，《哈尔滨师范大学学报》，2019 年第 5 期，第 14 页。

（4）表 4-4、表 4-5 为笔者在贵阳市 BC 小学问卷调查所获数据：

表 4-4　小学低年级阅读时间（$N=750$）

每天课外阅读的时长	百分比（%）
0	5
10 分钟以内	7
10～30 分钟	83
30 分钟以上	5

表 4-5　小学中年级的阅读时长（$N=938$）

什么情况下读课外书？	百分比（%）
主动阅读	36
老师要求	47
家长监督	17

低年级学生每天阅读 30 分钟以上的学生仅为 5%；中年级学生能够主动阅读的学生仅有 36%。

以上 4 份调研数据都比较典型，具有代表性。总体来看，农村小学生的课外阅读情况与城市小学生差距明显。应该说，学生语文课外阅读的相对薄弱是农村小学语文教学质量明显低于城市小学的主要原因之一。这应当引起各地教育管理和科研部门的注意。

三、小学生课外阅读存在的困难和阻力

小学生课外阅读存在的困难和阻力是多方面的，关心小学生课外阅读的人们对此也保持着关注和观察研究。

（一）农村集镇村落社区以及学生家庭，教育人文环境相对贫弱落后

农村村民的平均文化程度相对较低，乡风民俗也比较传统和保守，

各种形式的文化生活比较贫乏。集镇村落以及村民家庭中少有文化活动、缺乏文化氛围。这样的文化环境难以影响、感染和刺激学生形成对语文作品的阅读兴趣，更谈不上养成阅读习惯。

就农村小学的学生来说，在学校以外，对他们文化教育方面影响力最大的就是家庭了。那么他们的家庭文化教育环境又怎样呢？

我们仍然可以摘要引用几份调研统计材料来加以说明。

（1）张鸿祥《关于农村小学生课外阅读的现状调查与研究》中谈到家庭文化环境对学生课外阅读的影响这样描述道：

> 从调查中发现，在回答"你父母是否了解、支持你看课外书"时，有65%的学生回答"家长不支持"。
>
> 在农村，学生家长都渴望子女"跳出农门"，他们只希望孩子"念学校里的书"，有些家长担心课外阅读影响孩子的考分，每当孩子在课余时间拿起书时，他们就会说："不做作业，又看闲书了。"

（2）王彩君在《谈农村小学生课外阅读现状如何进行调查研究》[①]中叙述道：

> 农村学生家长对学生课外阅读的不成熟看法、思想观念需要改变。甘肃省会宁县平头川镇的学校处于贫困农村，就读的小学学生中，全部属于农村子弟，家长对课外阅读没有足够的认识，担心课外阅读会影响孩子的"正业"，因而对课外阅读持反对态度。

上述两份材料都表明，一些农村学生家长不了解课外阅读在提高子女文化素质，培养子女成为有用人才，为子女将来的就业、发展创造有利机会方面的作用，因而不支持甚至反对子女在家中的阅读。这种态度对子女的课外阅读形成了极大的阻力。这是家庭文化素养状况不佳为学生课外阅读带来的负面影响之一。

---

① 张鸿祥：《关于农村小学生课外阅读的现状调查与研究》，《文理导航》，2018年第2期，第53页。

（3）张鸿祥在《关于农村小学生课外阅读的现状调查与研究》中这样写道：

阅读需要营造氛围。从调查中不难看出，养成了读书习惯、"每天都看书"的家长为数甚少，只占15%。还有的家长表示工作繁忙根本没有时间看书……这不能改变课外阅读书籍的家庭氛围。

家长的生活内容和习惯，业余时间是否沉迷于麻将逛街、有无读书看报等学习行为、是否具有音乐、美术、刺绣之类有情趣不庸俗的爱好，等等，这些共同构成了家庭的文化氛围，对于影响、启导、刺激学生产生读书兴趣、形成读书习惯，具有重大影响。如果家长在这些方面毫无表现，这样的家庭文化氛围是不利于孩子校外读书行为习惯的养成的。

（二）学生能够接触的阅读材料比较贫乏，学校、家庭都未能提供数量足够，符合孩子身心特点、兴趣爱好和阅读需要的书报刊资源

（1）张鸿祥《关于农村小学生课外阅读的现状调查与研究》中这样叙述：

从调查中发现，个人拥有10本以上读物的学生只有17.7%，拥有5至10本读物的学生有23.25%，60%的学生只有5本以下或没有课外书。由于经济条件的差异，尤其是经济欠发达地区的农村小学生的阅读内容贫乏是开展课外阅读的一大障碍。

（2）张鸿祥在《关于农村小学生课外阅读的现状调查与研究》中这样叙述：

由于农村教育经费中对图书的投入很少，农村小学图书室几乎形同虚设，大部分农村孩子无法从学校借到合适的课外书，再加上书价过高、家长观念不到位等种种原因，"无课外书读"已成为贫困农村小学生课外阅读的现状。

（3）王俊杰《核心素养理念下小学生课外阅读的现实困境及有效路径——以F小学4至6年级的课外阅读现状为例》[1]：

课外阅读必须要有经济投入来支撑，经济投入一方面是家庭经济投入，另一方面是社会公益投入。毋庸置疑，城区家庭经济条件普遍优于农村家庭，城区家庭舍得投入和能够投入的经费更多。城区学生能享受的社会公益书籍资源更丰富，而农村学生享有的社会公益书籍资源十分有限。

以上三份调研材料凸显了学生课外阅读材料的匮乏。这是我们面对的培养学生喜欢阅读、养成良好读书习惯工作的现实困境。出现这种情况的原因固然有财力不济的因素，也有家长、学校重视不够的因素。有的农村学校没有图书馆（室），有一些学校名义上有，但藏书却很少。那些已建的校园图书馆（室）中，也有一些缺少适合学生阅读的书籍资料，有名而无实。

（三）学生没有多少时间来读书

（1）王俊杰《核心素养理念下小学生课外阅读的现实困境及有效路径》：

每天累计阅读时间在1小时以上的同学为10.7%，30～50分钟之间的同学为21.6%，10～30分钟的为39.6%，阅读0～10分钟之间的同学为28.1%。同时，对学生每天的阅读量进行调查，发现学生的阅读量不容乐观。六年级同学因为学业负担增加，部分学生几乎丧失课外阅读时间。

（2）王彩君《谈农村小学生课外阅读现状如何进行调查研究》[2]：

---

[1] 王俊杰：《核心素养理念下小学生课外阅读的现实困境及有效路径》，《吉林省教育学院学报》，2020年第5期，第67页。
[2] 王彩君：《谈农村小学生课外阅读现状如何进行调查研究》，《文理导航》，2008年第2期，第44页。

各种补习班、特长班层出不穷。当下学生的课外负担仍然不容小觑也不容忽视,从某种程度上说,有限的时间内"学习负担"的加重必然造成课外阅读时间的压缩甚至是消失,很难达到人文底蕴从量的积累发展为质的变化。

(3)焦勇在他的《农村小学语文课外阅读的问题及对策分析》[①]一文中,将他的的调研结果以图表的方式展示出来(如图4-2所示)。

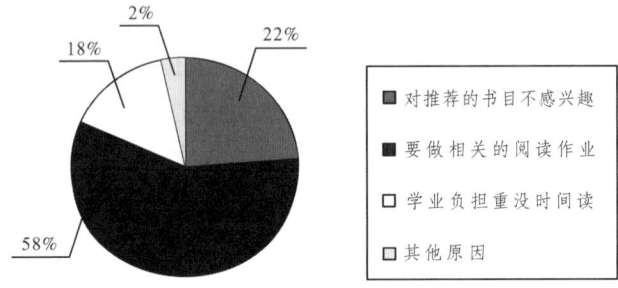

图4-2 小学生不爱课外阅读的原因

在"学生不爱课外阅读的原因调查"问卷4个问题中有2个涉及学生的阅读时间问题。其中"要做相关的作业"占了近60%,"学习负担重没时间读"占了约20%。

(4)张鸿祥《关于农村小学生课外阅读的现状调查与研究》:

有33%的学生认为老师为了学生的学习成绩而不支持阅读课外书籍……

以上几份材料显示,各种补习班、特长班的课内学习负担大量占用了学生的校外时间,学生已经没有与什么时间来进行课外阅读了。

令人吃惊的是,有老师担忧学生进行课外阅读会影响他们的学习成绩。影响当然会有的,但这些影响通常都是正面的、有利的。

---

① 焦勇:《农村小学语文课外阅读的问题及对策分析》,《河北师范大学学报》,2019年第6期,第9页。

它对语文课堂教学所涉知识与能力，或再现、或补充、或拓展、或加深……这样的阅读有利于加深学生对语文知识内涵和外延的了解和理解。教师不懂得或不关注这些，只是急功近利地权衡"它对自己的语文教学可能带来什么不利"，其实他们担心的只是语文考试成绩，认为学生不是在读记和考试有关的东西，而是在"闲书"上尽力，会对考试不利。这样狭隘和急功近利的语文教学能把学生教好吗？

（四）教师对语文课外阅读不够重视，缺乏认真的指导、检查和评价推动

刘洪超在《农村小学语文课外阅读研究》[①]中提供了调研分析数据。这一套数据较为全面和详尽，包括了该项研究的多方面、多环节和多位点。本书仅引用了其中与本部分议题相关的4组数据。

表4-6反映了农村小学生对教师课外阅读指导的需求。

表4-6　农村小学生课外阅读指导的需求度调查（$N=790$）

选项	人数	百分数（%）
非常需要	266	33.67
比较需要	314	39.75
不清楚	87	11.01
不需要	123	15.57

明确提出需要（包括比较需要、非常需要）教师指导的学生比例合计73.42%，说明需要值是很高的。

表4-7聚焦教师对学生课外阅读的检查情况，其数据能够体现教师对学生阅读情况的关注度，它间接指向教师是否重视对学生课外阅

---

① 刘洪超：《农村小学语文课外阅读研究》，《哈尔滨师范大学学报》，2019年第5期，第19页。

读的指导。

表 4-7 语文教师学生课外阅读的检查情况（$N=148$）

选项	人数	百分比（%）
经常有	37	25
偶尔有	93	62.84
没有	18	12.16

仅有 25%的学生认为教师是经常检查学生课外阅读情况的，而比例高达 62.84%的学生则认为教师只是"偶尔"检查学生课外阅读情况。甚至有 12.16%的学生认为教师没有检查。这样低范围、低频率的检查，暴露出教师对学生的课外阅读是不关心的，这样，"指导学生课外阅读"就比较虚浮了。

表 4-8 直接触及教师对学生课外阅读的辅导情况。

表 4-8 农村语文教师对小学生课外阅读的情况调查（$N=148$）

选项	人数	百分比（%）
经常指导并讨论	23	15.54
指导不讨论	31	20.95
偶尔指导	69	46.62
几乎不指导	25	16.89

在这组数据中，认为教师"偶尔指导"和"几乎不指导"的学生比例合计 63.51%。而"指导不讨论"占 20.95%，则更说明了教师的"指导"比较随意和个别，并没有组织引导学生通过互动交流来总结交流经验和提高认识。

表 4-9 聚焦教师组织开展阅读交流活动，这个问题触及教师辅导

中一个重要的途径和方式的问题。

表 4-9 语文教师组织开展课外阅读交流活动情况（$N=148$）

选项	人数	百分比（%）
经常开展	23	15.54
偶尔开展	76	51.35
从不开展	49	33.11

开展阅读交流活动应是对学生进行课外阅读指导的一个简便而有效的方式，它在课外阅读辅导中应该是常用的。然而数据对教师在此问题上的作为却是持批评态度的：认为交流活动"偶尔开展"和"从不开展"的学生比例合计高达 84.46%。

四、加强和改进学生课外阅读应采取的几项措施

（一）建设好学校图书馆/室

本章在前面引述了厦门市云顶学校的"小学生课外阅读抽样调研报告"数据，反映了该校学生较高水平的课外阅读爱好和阅读习惯。课外阅读在该校正在蔚然成风。是什么原因促成了这样的阅读风气呢？其中一方面的功劳属于该校的图书馆服务。前述关于云顶学校的调研报告陈述道：

三年来，厦门市云顶学校在课外阅读方面做了很多的努力。据校图书馆反映，厦门市云顶学校班级的借书率大大提高，一个学期一个班可以借阅 2396 本书，平均每个孩子一个学期看了 55 本书，每周借阅 2~3 本书。校园走廊上、教室的角落，都有孩子或站或坐或靠，手中不离的是书，课外书籍成为他们生活的一部分。

学校图书馆/室是学生阅读课外书籍的大本营。学校基本建设规划

应当将图书馆/室建设作为重点项目之一，而且应当放在优先位置上。社会进步到了今天，教育水平发展到了今天，可以说，有无像样的图书馆/室，学校图书馆/室有无充足的、高质量的图书，是一个学校文明程度和教育水平的重要象征。从实用的角度来说，校园图书馆/室的实力，也在很大程度上影响着学生课外阅读风气的形成和发展。

目前的实际情况是，不少农村小学没有图书馆/室，或虽然有图书馆/室，但存书却很少，或者书籍已经陈旧需要更新。限于财力，农村小学图书馆/室的建设发展比城市小学面临更大的困难。学校除了争取地方财政的支持以外，还可以借助社会力量的支持和捐助筹集建设资金，或呼吁有识有力之士直接捐献适合小学生阅读的各类图书。此种助教捐献形式已经有了很多实例。

（二）做好家校沟通，力促家庭文化教育氛围的改善

家庭对子女课外阅读有着重大的影响。多方面的调查发现，为数不少的家长对课外阅读的积极作用缺乏了解，因而产生了种种误解。前文曾提及的张婷的调研报告中，也述及学生家庭对学生课外阅读产生影响的一些真实具体的情况：

> 家长们都愿意与笔者袒露心扉。家长们普遍认为"学习成绩比课外阅读重要"……他们始终认为课外阅读是学生课外生活的一部分，并不属于学生的正规学习，其重要性远不如课堂学习。还有部分家长认为课外阅读是一种坏习惯，不利于孩子的成长，对于学生成绩的提高并没有一点帮助，还会分散学生的注意力。[1]

不认为课外阅读是小学语文课程的一部分，将课外阅读与课堂教学对立起来，这是家长轻视课外阅读、消极看待孩子课外阅读的根源，是小学生课外阅读环境的致命伤。因此，学校语文教学工作的触角应

---

[1] 张婷：《小学语文课外阅读现状调查及探索》，《信阳师范学院学报》，2017年第7期，第13页。

当延伸到学生家庭中去，与家长沟通，帮助家长正确认识和对待学生的课外阅读。这里，笔者要再次提及厦门市云顶小学的做法：

  厦门市云顶学校通过几年的努力，如利用家长会、家长开放日、请名人进校园等活动，让家长接受阅读培训讲座。教师不断在班级交流群上宣传，做了很多有关家长的工作，最终使家长意识到阅读的重要性。在这项调研中，支持学生课外阅读的数据从 23.23%上升到 100%。鉴于厦门市云顶学校学生的家庭客观条件，这一点实属不易。

  通过几年的积累，有的家庭已有上百本藏书，甚至同时拥有厦门几个图书馆的借书卡。"书香"正逐步地进入家庭。

云顶小学的做法令人钦佩。他们做得实、做得勤、做得妙，收到了实效。云顶小学的做法值得学习，学习起来、做起来其实也不是很难。可贵之处在于云顶小学管理班子的胸怀和眼光，他们的努力立足于目光远大的"育人"目标，而不是立足于一时的教学成绩。

（三）做好学生校外阅读指导

笔者查阅浏览了多份有关课外阅读辅导的研讨或调研文章，发现学生课外阅读的指导工作方式方法是非常灵活多样的。这里仅选列部分既简便又见效的指导方式进行简要的讨论。

1. 推荐课外读物

现实生活中课外读物繁多，学生往往不善于选择适合自己的读物，教师应当有计划地进行帮助和指导，这一工作在初启培养学生阅读兴趣的时期尤为重要。教师应该根据学生的年龄、心理特点，以及与之相关的认知基础、个性爱好等等因素，为学生介绍合适的课外读物。教师在介绍读物时最好不要采取直接指定的方式，而最好适当增加可选书目、扩大可选范围，让学生自主选择。

2. 指导读书方法

向学生介绍多种读书方法，包括浏览、精读、泛读、速读等。在介绍这些阅读方法时,要提醒学生不必僵化地只使用某一种方法来阅读。告诉学生,怎么阅读、用什么方式来阅读是可以根据需要、灵活处置的。例如,在书籍资料丰富、可选范围大时,可以先多本浏览一下,对那些内容、情节、趣味等符合自己兴趣和需要的,就可以挑选出来,细读欣赏。如遇到内容艰深难懂的,或题材、主题、内容不感兴趣的,则可以放弃。

这里要专门提醒读者一下的是统编小语教材中设置了"阅读策略"单元,教师可以有意识、有针对性地选择一些适宜于配合单元教学参考的书籍,介绍给学生阅读。

3. 学写读书笔记

对中年级的学生,可以逐渐要求和指导他们写读书笔记。这里需要谨慎处理的是,在起始时期,不要硬性规定学生写什么,而应当允许学生随心所欲地写出他们想要写出的东西。待积累一定经验和感觉以后,再告诉他们一些带有特征性和规律性的写作模式,试着写一下。例如:做摘抄,抄写自己喜欢的词语或句段;写感想,写一写自己读过书以后的感想;拟要点,读了喜欢的书,试着把这本书写的主要内容用提纲式的文字写出来;做评价,即用自己的语言评价一下这本书的优点或缺点;等等。提倡学生自主地、在有兴趣的前提下来写笔记,绝对不要将写读书笔记当作强制性的作业要求学生做。这样做可能会挫伤学生读书和写读书笔记的积极性。

4. 开展读书活动

读书活动的方式方法不拘一格,灵活多样。例如以下这些活动形式都是可以酌情选用的。

(1)故事分享,让学生在阅读课外读物后,试着将读物中的内容部分或全部复述出来。这种方式能够训练学生的记忆能力和掌握读物主要内容或主要脉络的能力,还能加深学生对读物内容故事或文中所体现的事理的认识、理解和记忆,同时还能增强他们的口头表达能力。

（2）交流感想，即组织学生在读后相互交流自己在阅读中产生的印象和感受，即对读物所涉及的方方面面内容如人物、情节、细节、情境及环境等的感想、印象和看法。读后的感想、意见的交流，切忌统一标准、千篇一律。要允许学生对读物中人、事、境等发表不同感受和不同看法。允许并且提倡学生就意见不同之处展开讨论，包括与老师意见不同的地方，都要允许学生表达不同意见、展开讨论。当然，在讨论过程中，教师要引导学生学会用事实或者道理来支持自己的看法，要学会有理有据地表达不同意见。

（3）组织读书征文。组织读书征文也不失为一种能够吸引学生兴趣的课外阅读推进方式。读书征文可以是主题式的，例如《我喜欢的童话人物》《卖火柴的小女孩可以不卖火柴吗？》等；也可以是文学体裁式的，例如《谈谈你读寓言懂得了一些什么道理》《向大家介绍我读过的寓言》等。读书征文也可以是自由式的，不做任何限制，只要与读书有关，都可以写，例如《我想和同学们交换借书来读》《昨天到书店看到好多新书》《一本奇怪的故事书》《奶奶夸我爷爷读书》……

（4）办读书主题手抄报。在小学高年级可以组织读书手抄报活动。为了便于通过活动教会、培养孩子们的多项语文能力，每一次读书手抄报活动最好有一个主题，目的是在手抄报展示阶段，从内容选材、内容的设计安排、图文结合的方式等方面进行比较评点，让学生对"怎样办好手抄报"这件事每一次都有所收获。

（5）评选"书香班级""读书之星"。这两种课外阅读评优活动，都是近年来在各地小学校中师生创建的好的活动方式，很多学校多次开展，效果显著，在全国各地产生了较大的影响。此类评优选胜是一种综合性比较强的读书活动。例如，在活动中，关于什么是"优"的问题就是一次突出的认识机会和认识过程。与之相联系的则是"怎样才能成为优秀？""张三和李四都成功地获得了优秀，他们各自都有些什么特点？""我与优秀还有些什么距离？"等。这些都是评选活动中激发出来的问题，对于提高学生对课外阅读的认识，激发、加强他们的读书兴趣是一个很好的推动。有的学校组织的评优选胜课外读书活动，历时较长、方式讲究、评选过程隆重，对学生的精神激励和感染力强。例如，组织者在寒暑假放假时即启动开始，开学时再来进行评选总结。活动开始时即通过各种途径告诉学生推荐书目、阅读建议、阅读要求、评选条件，并且还要做活动记录。学生在假期中有计划地自觉阅读，有的同学还组成阅读小组，随时交流阅读感受和阅读经验，分享自己发现的好书信息。开学后进行"优秀读书人"评选时，组织者模拟高等院校学位制度，授予评选产生的优秀读书学生"小学士""小硕士""小博士"称号。授予仪式隆重而热闹，感动和震撼着学生的心灵。这样的课外读书评优选胜活动，对孩子们心灵的影响可能会伴随他们的一生。

第五章

语文教学的方法技能与体验感悟

方法、技能练习与体验、感受相结合，这是在语文教学中学生学习活动应遵循的一条路径。这条路径是对语文课"工具性与人文性相结合"架构的自然顺应，是针对统编小学语文教材"人文主题与语文要素双线结构"的合理选择。方法、技能练习关系到语文教学的成效，其思维方式更多地与逻辑思维、辩证思维相关，比较有利于教学与训练中的工具性、语文应用性技术能力的掌握以及理性思维能力的形成和提高。但这也并不意味着技能练习活动与人文感受无关。体验、感受同样是与全局相关的，但其思维方式更多地与感觉、直觉、想象、情感相联系，更有利于那些能够深入心灵、富于体验感的体会、品味、濡染与潜移默化。同样，这也并不意味着它与语文技能无关。

第一节 方法、技能的学练

语文教学整个过程中都伴随着学生对方法技能的学习与历练。从语文作品的学习理解到语文知识技能的应用，都是有规律、有规则、有技能的，需要学习与训练的。中华人民共和国成立以来，有一段时期，语文教学曾经陷入过分重技能、轻人文的误区，在组织和指导学生的语文技能练习中消耗了较多时间和精力。关于语文工具性和语文人文性的论争也一直存在。语文教学实践历程中不断出现工具与人文两极间孰轻孰重、或轻或重的"钟摆效应"。新课程改革启动以来，随着中小学语文课程标准摆正了"语文工具性与人文性统一"的关系，过去的错误偏向逐渐得到纠正。统编小学语文教材就是在这样的背景下编写的。而因为统编小学语文教材编写于语文教学出现泛人文倾向、"缺少干货"的时期，统编小学语文教材在如何落实语文核心素养方面所下的功夫、做出的建树，更加令人瞩目。

纠正"轻工具偏人文"的倾向，是将二者各自的功用、地位以及二者相互依凭的关系理顺，并不意味着否定了语文人文性的重要地位。至于"二者如何相融结合方能产生最佳功能效应"，则是一个在理论上和实践上都需要继续深入研究和探索的问题。

统编小学语文教材编写组依据课程标准"工具性和人文性的统一，是语文课程的基本特点"的定性定位，确定了"宽泛的人文内容与语文要素双线组合"的教材大框架，这可以称为此次教材编写的基本策略，它被贯彻到整部教材，从范文选用到单元组合、课堂教学、综合性学习活动、各部分练习作业、教学质量评估所有方面的所有环节中。统编教材几大系统中的"练习系统"的设计编拟，也遵循了这一基本策略要求，努力使"工具与人文"协调并行。

一、统编语文教材练习系统在教学中的地位与作用

（一）语文练习作业（书面的或其他形式的）是语文实践的重要方式

语文教科书是一个由若干教学资源，依据知识理论逻辑和教学应用逻辑协调组合起来的教育资源及教学操作系统。它是由四个分系统组合支撑起来的，包括：范文系统、知识系统、助读系统和练习系统。四个系统前聚后拥、里应外合、穿插协同，共同发挥着各自特定的以及相互整合的教育作用。

练习系统在教科书中具有不可或缺的重要地位。《义务教育语文课程标准（2011年版）》第六条"教材编写建议"中要求："教材应注意引

导学生掌握语文学习的方法，养成良好的学习习惯"，"课文注释和练习等应少而精，具有启发性，也有利于学生在探究中学会学习"。这是对教学中练习环节作用的肯定，也是设计编写练习材料的质量要求。练习系统虽然位置在课后或一个单元之后，却可能是一课或一单元教学成效的检验者和集大成者。这是因为经过教学系统的知识学习，分散于课文中的语文要素虽已然呈现于学生眼中，但此刻他们对语文要素的认识和印象还不够明晰、深入和扎实。未经实践操练的知识概念都是不成熟的。将知识技能融入设置情景的练习也是一种实践，或者说是生活实践的预备阶段。教材练习系统就扮演着语文要素的初步历练这一重要的实践角色。

练习作业是语文学习实践方式的一种或一部分，即学习者在对知识识记、理解并形成能力过程中的历练方式。课程标准多次强调语文学习活动的实践性质："语文课程是实践性课程，应着重培养学生的语文实践能力，而培养这种能力的主要途径也应是语文实践。语文课程是学生学习运用祖国语言文字的课程，学习资源和实践机会无处不在，无时不有。因而，应该让学生多读多写，日积月累，在大量的语文实践中体会、把握运用语文的规律。"这里不但反复申说语文的实践性质，而且直接指出学习语文的主要途径是语文实践。我们学习课程标准，应注意到课程标准大概是为了避免和纠正语文教学过多过重依赖作业训练，而忽视了语文学习中的感悟、体验和实践活动作用的倾向，故基本上不用"训练"这个概念。这个概念在《义务教育语文课程标准（2011年版）》全文中仅使用了一次，而在更多时候使用了语文"实践"这个概念来表达相关的意思。

语文实践的形式是丰富多彩的。通常，学生在接受学校教育、学习语文课程期间，最频繁的语文实践活动就是各种练习。学生的语文练习肯定了语文实践活动的重要性，它是语文学习的常态。

（二）语文练习作业对于教与学双方的作用与影响

在语文教学中有计划、有指导的作业练习，对于教学双方、师生

双方都是积极的和有意义的,它是教学关系不可或缺的连接枢纽。课程教学中练习系统的有效运行意味着:

(1)在教师指导下,学生将教材学习中初步接触、体会、理解的语文知识,用于处理设定条件下语言文字作品的理解或应用。语言文字及其产品的丰富性趋近于现实生活的丰富性。练习形式和内容的多样性以及适当的、充分的频率,能够切实有效地使学生熟悉和记忆知识,更重要的是在这一过程中逐步加深对知识的理解,对语言应用规律的掌握,在多次应用实践中逐步形成语用能力。语文教学的老经验、老话语常常说的"多读""多写""多练""多看""多想""多辩""勤能补拙、熟能生巧"……就是这个道理。

(2)教材练习系统的目标设定和训练成效(涉及多项课程元素的整合),练习系统在教师教学计划中对教学效果的预测,练习系统在学生学习实践过程中的具体作用、成效,包括其中的细节、因果等这些因素,教师都能够有机地渗透到此后的教学设计、教学实施和教学评价等各个环节中,协助教师调整教学目标、确定教学重心、选择教学方法等。教师还能够依据学生的学习需要,对练习系统的要素、形式、要求、步骤等进行积极的二次创造,因人制宜,因材施教,提高练习系统对不同学生的适切性。

(3)语文课程练习系统在学生作业练习中的实践运作,其状态和结果能够真实反映课堂教学成效是怎样的,它与教师的教学计划、教学设计的预期有多大距离。这有助于分析了解教学计划、方案和设定教学目标,以及教师的实际教学和学生的学习活动中存在的问题,帮助教师调整或清理教学目标、教学重难点,调整或修订设计,改进教学活动安排,选择教学方法和路径。练习作业的实践过程、状态和成效,也是教学评价的重要观测点和评价依据。

需要特别说明的是,书面练习作业(包括练习性的口头言语作业)绝大部分是设定条件下的、非真实生活情境下的语文学习实践活动,它不能取代现实生活情境和问题下的语文学习、语文应用活动,因此它也是有一定局限性的。新教材设置了"综合性学习"课程，专设了"综合性学习单元"及配套的练习系列，用以突破课堂及"本本"对语文教学及其练习系统的制约。因此，语文教师应该充分重视综合性学习课程的教学，做好有关安排和指导。

二、统编小学语文教材练习系统的构成和特色

（一）练习系统的构成

统编小学语文教材以精读、略读和课外阅读构建成三位一体的阅读教学体系。教材阅读练习系统由阅读范文练习系统、单元练习系统（语文园地）和专题练习系统（综合性学习、习作、口语交际三个专题）这四个分系统组合成为横向覆盖教学各方面各板块、纵向覆盖教学各阶段、各步骤、各层次的训练系统。统编小学语文教材在这个练习系统的编织中，思路开阔、筹划全面、手法灵活、勇于创新，善于吸收移植历史有益经验，能够充分照顾语文教育各方面的任务和功能，有大气象也有绵密网。

（二）练习系统的特色

统编小语教材练习题目丰富多样的题型及其"有温度"的、长于启发诱导的表述、呈现方式很有特色，是这套练习系统最引人瞩目的地方。

这套练习系统的习题内容丰富多彩，表达、呈现形式也灵活多样。其中主要的有陈述式、讨论式、问题式三种常规常用习题，也有一些不常用但很有特色、练习效果好的习题。三种常规习题使用频率高，在很多时候也会出现两种或两种以上题型结合使用的情况。

1. 常规题型

以下拟先从常用常规练习题开始，对各类题型题目的设计意图、呈现方式以及应用特点做一些例析，以期寻找规律，提高对习题表述

方式及其内容的理解和应用水平（如表 5-1 所示）。

表 5-1　统编小语教材三种常规练习题型的表述呈现方式

表述方式种类	概念	特征
陈述式	陈述式表述方式多采用陈述的语言来交代知识、学习策略，提出学习要求。学生只需按照练习的要求去做即可	普遍性；较强的可操作性
讨论式	讨论式表述方式将学习材料和问题展现给学生，供学生讨论交流，自己寻找答案。这种表述方式以学生为主体，具有启发性和诱导性，引导学生通过自己的观察、分析、感悟去解决问题。其答案是开放的，其目的不在于获得结论，而注重学生的参与和学习过程	开放性
问题式	问题式表述方式的本质是探究，这里的探究不是特定的范式，不仅作为活动方式存在，更是一种学习方式。"探究式学习"也被称为"问题导向式学习"，"问题"是探究式学习的核心要素。问题式表述方式通过提问启发学生思考，拓展学生思维，引导学生展开一系列的探究，突出探究式学习方式，学生通过探究问题的学习过程获得扎扎实实的语文能力和素养	探究性

（1）陈述式。

陈述式是小语练习系统中最常见的命题方式。它以陈列叙述的方式，让学生按照要求完成某项练习作业。陈述式在朗读、背诵、默写、抄写类题目中运用较多，在触及文本信息的整合、块面内涵的领悟、层次的分解、文本相关信息的实际应用等类题目中也有突出表现。例如：

◎朗读课文，把你喜欢的句子抄写下来。

（三年级上册 2 单元 5 课《铺满金色巴掌的水泥道》）

◎朗读课文，一边读一边想象课文描写的画面。在文中画出有新鲜感的词句和同学交流。

（三年级上册 1 单元 1 课《大青树下的小学》）

◎结合注释，用自己的话说说下面诗句的意思。

停车坐爱枫林晚，霜叶红于二月花。

一年好景君须记，最是橙黄橘绿时。

（三年级上册2单元4课《古诗三首》）

◎"雨一来，他们便放假了。"你喜欢这样的表达吗？请你照样子写一写，如，"清风一吹，他们……""蝴蝶一来，他们……"

（三年级上册1单元3课《不懂就要问》）

一、二题都是明显的陈述式，乍一看会觉得这些题目也没有什么特别，然而一细看，味儿就出来了。

第一题中"你喜欢的"这一提示语，寥寥四字就把解决问题的主动权交给了学生：抄写什么？怎么抄写？自己选择决定。

第二题中"有新鲜感的"一语貌似是对学生"画画"对象的限制，实则为了驱动学生的感觉、品味能力，也给了学生"写什么"的选择主动权。"一边读一边想象课文描写的画面"则兼顾了学生思维能力（想象力）的培养。

第三题是让学生阅读语文材料后谈理解，此题的题眼是在"用自己的话"来表达。在陈述式题目中，这是难度相对较高、思考层次、价值也比较高的一种。

第四题中虽然有一个问句，但它的作用仅是激发一下情绪，是"问而不用答"，所以不属于问题式。它的目的在于要求学生照样本仿写。

纯粹指令性的给题方式很容易在学生心理上形成一种被动受命的印象。新课改以来，随着对学生全面发展教育方针的深入认识，以及对课程目标"知识与能力、过程与方法、情感态度与价值观"三个方面的深刻领会，陈述式题目的命题、表述方式也产生了一些积极的变化。在统编小学语文教材练习题中，细心顾及学生心理发展特点的有温度的表述很多。如"'雨一来，他们便放假了。'你喜欢这样的表达吗？请你照样子写一写"，"读一读下面的句子，感受这些普通而又美好的事物。你也来写一写吧"，"让我们来开展一次活动吧"。这样亲切贴心的叙述方式，很容易让学生消除对学校、教室、教师的敬畏乃至隔膜的心理，拉近了教与学的距离，使学生乐学、愿学。

（2）问题式。

问题是思考的入口、是积极的思维活动的助推器，是赋予思考以意义的有效条件。问题启动探究的欲望，提供思考的导向，使得学生的学习活动进入主动状态。问题式的出题方式也是比较常见的。试看下面的题目：

◎朗读课文，想象画面。如果给课文配画，你觉得可以画几幅？试着给每幅画取个名字。

（四年级下册1单元2课《乡下人家》）

◎这三首诗写的是哪个季节的景色？你是从哪些地方发现的？

（三年级上册2单元4课《古诗三首》）

◎"铺满金色巴掌的水泥道"，多美的发现啊！你在上学或放学路上看到了什么样的景色？用几句话写下来吧。

（三年级上2单元5课《铺满金色巴掌的水泥道》）

◎童话世界多么神奇啊！我们也来编童话故事吧。

厨房　　国王　　黄昏　　森林超市　　冬天
啄木鸟　　玫瑰花　　小河边　　星期天

看到上面这些词语，你的脑海里浮现出了怎样的画面？你想到了什么样的故事？发挥想象，把故事写下来。

（三年级上册2单元习作《我来编童话》）

第一题初看貌似美术课的作业，"你觉得可以画几幅？"貌似让学生自己决定画作的数量，然而其中隐含着的真实意图，是让你识别"乡下人家"课文中描写了多少个不同的画面。"给每一幅画取一个名字"，意在培养、训练学生通过欣赏语言描述的情境抓住景物特点的能力，也是一种用自己的语言来概括客观事物特点的练习。

这道题目，其阅读训练的综合性（观察、概括、表述）和思维能力训练的意味都比较强，属于难度和训练价值相对较高的一类。

第二题设问用语简短，然而题意、任务绝不简单：让学生欣赏以语言描绘为呈现载体的景物画面，识别景象存在的季节，并且要说明"是从哪些地方发现的"。这显然是引导学生在观察景物的时候，也要关注细节。这样一来，一道语文练习题所涉及的就不只是语言表达的问题了。我们知道，对"细节"的关注是深入和全面了解、探究客观事物的关键环节，它深度介入了大脑的思维活动。因此，此题的训练、培养价值是比较高的。

第三题第一句话"……多美的发现啊！"不是多余的抒情，其意图在于激发学生欣赏景物的兴趣。学生"用几句话写出来"则是观察所得的言语表达。前边简简单单的三句话形成一个练习任务的驱动器，"看到了什么样的景色"是对学生的思维导向。此题触及学生观察能力和表达能力两个方面的练习，其中并隐含着对学生审美意识和审美能力的培养。

第四题属于给材料写作。"你的脑海里浮现出了怎样的画面？""你想到了怎样的故事？"也是用语言描述的方式，出示一些触及美丽浪漫情境的语段，驱动学生自由发挥自己的想象力。这是涉及语言阅读、理解、表达多功能的综合性训练题目。

（3）讨论式。

◎对于课文中的武松，人们有不同的评价。你有什么看法？说说你的理由。

武松真勇敢，"明知山有虎，偏向虎山行"。

武松很要面子，有些鲁莽，不听别人善意的劝告，虎口逃生只是侥幸。

（五年级下册2单元6课《景阳冈》）

◎春天里，好玩的地方可多了，我们去哪儿春游呢？提出自己的想法和同学讨论。每个人可以选一个地方，说说这个地方有什么好玩的，可以开展哪些活动。小组提出推荐的地点；再全班汇报交流，各小组把推荐的理由说清楚；然后投票选出最值得去玩的一两个地方。

说清楚想法和理由。耐心听别人把话讲完，尽量不打断别人。

（三年级下册1单元口语交际《春游去哪玩》）

第一题。五年级学生的思维能力已经开始进入以形象思维为主演变为以抽象思维为主的层次。他们已经明白很多事理，开始意识到生活的复杂性和人的个性能力的丰富性，有了一定的道德是非观念。这道讨论题目适合五年级小学生思考。以讨论形式进入，更能弥补他们生活经验的不足和事理认知的薄弱。同时，讨论方式对他们的表达能力、说话能力也有积极的推动作用。

"武松打虎"来源于《水浒传》，已是家喻户晓的精彩故事。以此作为阅读范文，并设计这样的练习题让学生思考，是对中国优秀传统文化的传承，其中英雄人物勇毅、正直的品质必然会对学生思想性格的形成产生深刻的影响。教材的选文以及练习题的设计考虑周全，教育与练习训练价值很高。

第二题"春游去哪玩"，此题内容涉及的时间正是春节快要到来的时候，"去哪玩"是孩子们关心的热门话题，讨论的气氛一定很热烈。此题不失为一个培养训练孩子们说话能力的好话题。

上面这组题目有三个共同的特点。一是话题的开放性，题目没有预设任何"标准答案"，结论要由学生通过讨论来得出，即使得不出有一致意见的结论，也是有意义的。这就有利于激发学生的开放思维，培养他们思维的灵活性。二是讨论题目对于孩子们心理和学习基础的适切性。"武松打虎"引出的题目对于五年级学生来说有一定难度，但也可以通过学习讨论得到清晰认识，即"跳一跳就可以摘到果实"。第三，"讨论"是一种很好的合作学习方式，题目采用讨论式，非常合适。

2. 几种不常见、超常规题型的特点和优势

有的习题题型虽然不常见，但很有特色，有不可忽略的应用价值。这里也举例简要讨论一下。

（1）表格式。

默读课文。填写下面的表格，再借助表格复述这个故事。

时间	急性子顾客的要求	慢性子裁缝的表现
第一天		
第二天		
第三天		
又过了一天		

（三年级下册 8 单元《慢性子裁缝和急性子顾客》）

填写表格是以"默读课文"为基础的。学生必须熟读课文，掌握主要情节内容，才可能正确填写表格，这就促使学生认真细读课文。同时，表格分类并行、平铺呈现的方式，凸显了"急性子"与"慢性子"的要求和表现之间的鲜明对比，突出表现了两个人物形象性格的个性，有助于学生清晰领会故事的启发意义。

（2）图示式。

图 5-1　统编版小学语文教材三年级下册 8 单元习作页

题目展示了四种动物的模拟动态，配有"如果……如果……如果……"以及"一旦……"一前一后两段启导语，图文并茂，构成了一道别开生面的作文题。要求学生"大胆想象，编一个童话故事"。题目之所以打破作文命题的内容构想及呈现方式的常规，是为了尽可能激发起学生丰富的想象。题意本身就想象奇特，又以语言表达渲染气氛，并以两个问题为学生思考写作导向。

当然，写这篇"童话"仅有想象力是不够的，还必须有合情合理、合乎逻辑的推理。所以这道题目兼顾了学生的形象思维和抽象思维两方面、双维度的训练和培养。这就是这类题型的魅力和训练价值所在。

（3）填空式。

◎朗读课文。理清作者游双龙洞的顺序，再把下面的路线图补充完整。

路上→（　　）→（　　）→（　　）→（　　）→出洞

（四年级下册5单元17课《记金华的双龙洞》）

熟悉课文，能正确区分各个环节的分界点，掌握各个关键环节，是正确解答这类题目的前提。

（4）修改式。

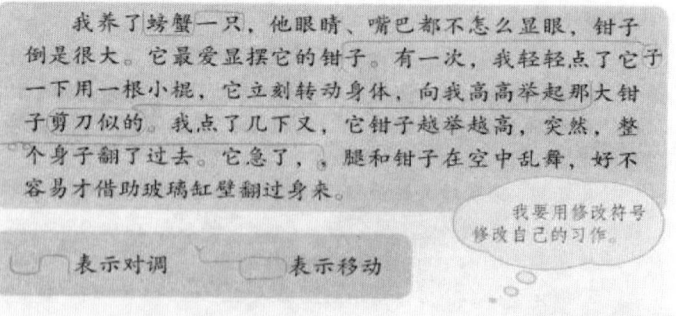

图 5-2　统编版小学语文教材三年级下册"语文园地"页

此类题意在教给学生修改的常用符号，教会学生修改的方式方法。这是很实用的技术。学生作文写草稿时常有修改的需要，正确恰当地处理会使整个操作既省时又不混乱。

（5）制作式。

◎《制作成长纪念册》

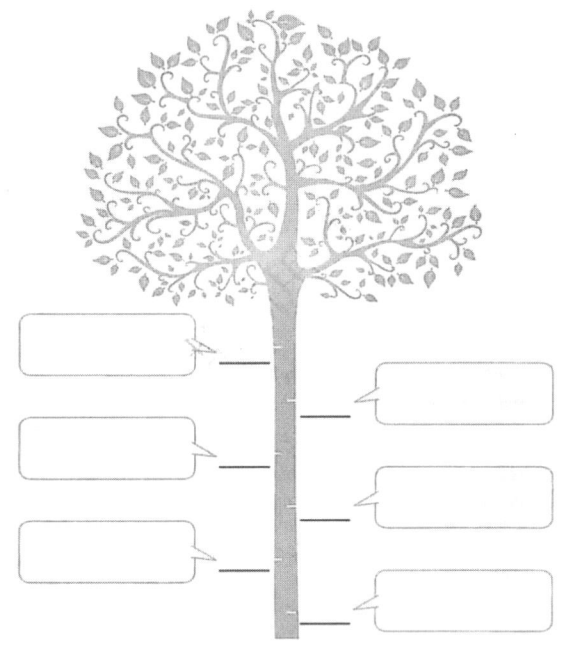

图 5-3　统编版小学语文教材六年级下册 6 单元综合性学习页

给小学六年级的学生设计这份练习题，真是爱心满满了！"一起回忆了小学生活之后，用心制作一本具有特殊意义的成长纪念册，珍藏这段难忘的成长记忆。"这道语文综合性学习练习题，是回忆、是总结，是情感的满溢，也是记叙抒情能力、概括总结能力、运用典型材料能力、形象思维能力等的综合性考察。这大概也是统编本语文教材编辑者为每个即将毕业的小朋友献上的一份纪念礼品吧！

（6）批注式。

◎读下面的句子，体会字里行间传达出的热烈、庄严的气氛。再从课文中找出这样的句子，在旁边作批注，和同学交流。

主席台设在天安门城楼上。城楼檐下，八盏大红宫灯分挂两边。靠着城楼左右两边的石栏，八面红旗迎风招展。到了正午，天安门广场已经成了人的海洋……广场上不断地欢呼，不断地鼓掌，一个高潮接着一个高潮。群众差不多把嗓子都喊哑了，把手掌都拍麻了，还觉得不能够表达自己心里的欢喜和激动。

（五年级上册2单元7课《开国大典》）

题目要求"在旁边作批注"，乍一看这不是前人读书的一种老方法吗？但再一想，感觉也不无意义。边读书边将瞬间的所感所思所见记录下来，确是一种有效的阅读方法。

三、教师在使用这套练习系统时应注意的几个问题

（一）关注阅读教学练习题的目标指向

语文练习系统每一道习题都有它的训练目标，其指向包括两个方面：第一，让学生通过习题练习，在新任务中继续课堂教学时的学习进程，进一步加深对知识的理解，并且有望逐步形成能力。第二，让教师通过学生作业质量了解教学效果、了解教学目标完成的程度。因此，教师应当密切关注习题设计的目标指向，以便评估学生的练习作业成效，发现可能存在的问题，并据此检视教与学双方的工作或学习质量。教师本人的教学处理是否得当，是否存在需要改进的问题；学生学习的质量怎样，存在什么影响有效学习的问题。因此，教师必须熟知每一类题目的设计意图并告诉学生练习作业的目的指向所在。如果教师在这方面模糊粗疏，马虎大意，则会降低练习作业的意义，影

响其效果。

在这方面，"国际阅读素养进展研究项目"为我们提供了理论参照和评测经验。慕君等《统编本小学语文教材阅读练习系统多维分析》[①]说明，他们参照"国际阅读素养进展研究项目"的测评体系，对统编小语教材练习系统进行了测评，依据测评数据，对这套语文练习系统给予了积极评价。他们认为，"整体来说，这套教材阅读练习系统全面地体现了PIRLS（国际阅读素养进展研究项目）测评中的各个阅读过程，分布比较均衡，有助于提升学生各层级的阅读能力"。

以下为慕君等使用的"PIRLS阅读素养测评指标体系"及"基于PIRLS阅读素养测评指标体系的统编本小学语文教材阅读练习题目统计表"。

表5-2 PIRLS阅读素养测评指标体系

阅读过程	比例	具体指标
关注提取明确的信息	20%	识别与特定阅读目标相关的信息，寻找具体的想法，搜索词语或短语的定义，确定故事的背景（如时间和地点），找到主题句或文章主旨（当明确陈述时）
直接推论	30%	推断一个事件导致另一个事件的原因，总结一系列论证的主要观点，理解文本中的概括话语，描述两个角色之间的关系
解释整合信息与观点	30%	识别文本的整体信息或主题，考虑人物行为，比较和对比文本信息，推断故事的情绪或语气，解释文本信息的实际应用
评估文章语言与内容	20%	判断文本中信息的完整性或清晰度；评估所述事件实际发生的可能性；评估作者的论点改变人们的想法和行为的可能性；判断文本标题是否能很好地反映主题；描述语言特征的影响，如隐喻或语气；确定作者对中心主题的观点

---

① 慕君、石芳砚、周雪菁：《统编本小学语文教材阅读练习系统多维分析》，《语文建设》，2019年第3期，第55页。

表 5-3　基于 PIRLS 阅读素养测评指标体系的
统编本小学语文教材阅读练习题目统计表

	关注提取明确的信息	直接推论	解释整合信息与观点	评估文章语言与内容	总计
四年级	18（24%）	9（12%）	33（45%）	14（19%）	74
五年级	23（26%）	15（17%）	31（35%）	19（22%）	88
六年级	19（31%）	5（8%）	24（39%）	14（22%）	62
总计	60（27%）	29（13%）	88（39%）	47（21%）	224

由表 5-2 可知：第一层次阅读过程的题目关注学生阅读过程中提取明确信息的能力；第二层次阅读过程的题目则关注到学生利用文本信息对相关问题的概括总结能力；第三层次关注的是文本信息的整合、内涵的解释、情绪的体会，以及文本相关内容的实际运用；第四层次则涉及对文本信息的思想主题、表达质量、社会性影响等。

由表 5-3 可以知晓测评中表 5-2 所述各层级内容在整个阅读练习系统中所占百分比。慕君等《统编本小学语文教材阅读练习系统多维分析》认为，统编版小学语文练习系统中，"第三层次和第四层次阅读过程的题目体现了对高水平阅读能力的关注"。但他们也认为："第一层次阅读过程的题目设计比重略高……第二层次阅读过程的题目设计比重相对来说比较偏低。"

我们可以立足课程标准对阅读教学的定性定位及其对阅读教学目标的阐述和具体要求，参考《统编本小学语文教材阅读练习系统多维分析》使用的测评指标体系，更全面和更深入地认识语文阅读教学应当追求什么样的目标和成效，准确、透彻地读懂教材设计的每一个练习题目的良苦用心，做好对学生练习作业的指导和评价。

（二）注意小学生语文要素能力培养的层递性

"层递性"一方面是指教材中各册练习系统都具有前后联系反复操

练的情形，一些知识、能力点在前面出现过、练习过，还会在后面的习题或语文园地中再次出现。这样的编排有助于某些知识点、能力点反复操演，概念得到明确，常用的词语组合、常用句式等能够熟练运用。

另一方面，随着年级的递升，对某些知识、能力的要求在不同的语言环境中数次呈现，而难度、深度却是螺旋上升的。如关于阅读教学中"提取信息"这一能力点，二年级上册前后几个单元之间将同一语文要素"把握文意，培养学生整体感知的阅读能力"，分梯度逐渐提升要求和难度来安排。而且一直到中高年级，此项练习出现的密度和难度还会有所增加。

例如下面的教例：

第一单元《小蝌蚪找妈妈》：小蝌蚪是怎样长成青蛙的？按顺序把下面的图片连起来，再讲一讲小蝌蚪找妈妈的故事。

第三单元《曹冲称象》：读第4自然段，给下面的内容排序，再说说曹冲称象的过程。

第六单元《难忘的泼水节》：用下面的词语，说说周总理怎样和傣族人民一起过泼水节的。

在三个单元中，认识的延续线牵连因素逐渐增大，认识、提取和表述的难度也逐渐增大。第一单元是借助图形连线表示青蛙成长的历程，内容比较单一，容易了解掌握。第三单元是给段落叙事内容排序，涉及单个人和动物的动态连接，提取关键信息连缀起来有难度。第六单元要求述说人群活动的复杂场面，要清晰地讲述故事，难度显然更大。三个阶段的层递关系可以简略表示为：根据图片了解大意→借助词句提取信息→依照线索讲述故事。

"了解大意"属于阅读能力的最基础认识层级；"提取信息"则上升到一种提炼概括能力，"讲述故事"涉及环境、人群、动态关系，则更复杂，是更高层级的能力要求。三者之间逐次上升的阶梯状是很明晰的。

（三）注重对学生思考习惯和思维能力的培养

思考是人类理性思维的基本功能，是理性思维的常态。思考的工具是概念、判断和推理这样的理性思维模块，遵循的是形式逻辑、辩证逻辑和事理逻辑。人类观察广袤的自然和复杂的社会，通过感知、认识和理性思考形成科学知识、搭建科学系统。因此，思考是一种富有认识力、开拓力和创造力的活动。对于一个人来说，思考是一种积极的生存状态和进取姿态。

统编小学语文教材以"工具性与人文性相统一"为基本策略，以"工具""人文"双线架构为基本框架。鉴于近些年来语文教学存在的泛人文倾向，语文核心素养的落实有被架空的趋势，因此在统筹兼顾"工具""人文"大局下致力于"重建中小学的语文核心素养体系"。在此格局下，作为以理性为属性特征的逻辑思维便成为重要的思维工具。

思考是逻辑思维活跃的常态，也是语文学习活动的常态。"学而不思则罔，思而不学则殆"。思考是学校教学活动中学生的主要脑力活动。在语文教学中，语文要素的理解、吸纳、应用，必须通过大脑的思考运动方能完成。课堂教学的方法、模式、类型现在已经有了很多种花样，但万变不离其宗的是，这一切都是为了调动学生积极主动思考问题、探索答案、解决问题的积极性。

驱动学生思考，决定学生思考质量、效率和价值的因素，包括问题、专注力、知识背景、思考方法等。

1. 问题

"问题"是驱动学生思考的原动力和动机。在语文教学活动中出现的"问题"，是直接或间接地表达或蕴含在教学例文中的。有的问题与教材局部内容有关，有的则关系到教材整体的意义或结构。语文阅读教学通常从例文阅读开始，但最佳的推进方式是用问题推进或用问题深入。这样做的目的是明确的，一是驱动学生思考、进入学习角色、学习状态；二是引领学生的思考方向。

在语文教学中，我们可以将由问题激发驱动和推进解决的这样一个过程，概括赋名为"问题处理"。"问题处理"应是语文教学一个必不可少的环节，具有代表性和象征性的意义。没有发现或提出好的问题并带领学生探索、解决问题的语文教学课，必然不是一堂成功的教学课。"问题处理"（从设置和提出问题开始），是一堂语文教学课中教师面对的最重要的课题，是教师教学专业技能水平很具代表性的操作，也可以说是教师最大的课堂挑战。所有成功的、产生较大影响的中小学优秀教师，都是"问题"处理大师。

2. 专注

学生对阅读教学中的问题专注与否，是决定思考成败的心理条件。能够在足够时间中保持关注是思考的"问题"得以解决的必要条件。学生能否在课堂教学中做到"问题专注"，其自身的学习品质（学习品质，即以什么样的精神和态度从事学习，是决定学习行为倾向性和独特性的心理素质，是思想品质、非智力因素在学习活动中的表现。是一个重要因素，但也绝不止于此，涉及多方面的因素。教师所提问题的质量和提问角度、时机等，也是重要条件。

3. 背景

这是指学生对课堂教学所涉问题的知识基础。如果学生对该问题的相关知识太过贫乏，缺少教学前期的预备信息，则理解问题会非常困难，也就难以维持对问题的专注了。这也有助于说明学习的过程是一个逐渐积累、由低水平向高水平发展的过程。

4. 方法

学生思考该问题时的方式方法、路径，是否恰当，也是影响其专注程度的一个重要因素。教师要善于指导学生怎样去思考、从什么方向入手，或提醒学生需要避开那些障碍，等等。

（四）善用以问题探究为中心的教学方式

"问题教学法"是以问题探究为中心的教学方式。问题教学方法实施于课堂，其功效是激发和驱动学生的学习动机，使学生关注问题，在兴趣、求知欲的驱动下，积极唤醒原有的知识储备，或者有意识地通过阅读资料、求助他人、同学间相互讨论等方式，获得更多知识，寻求解决问题的路径，最终使问题得到解决。按照建构主义认知理论的原理，只有通过这样来完成知识的"建构"，得出的知识才是真正的知识。这种"建构"的过程不仅让成功解决问题的学生获得知识、情感、能力等方面的发展，还让他们同时获得良好的个人体验。在教师方面，通过问题驱动、问题探究和问题解决这几个步骤，一节课所要完成的教学任务，课程需要建立的新知识、新技能、新方法等，都在问题解决的过程中自然形成。

新课程教学的出发点并不是让学生掌握最终结论，而是培养学生发现和获得这些知识结论的方法和路径，从而促进学生独立思考能力、探究习惯的形成和创造能力的发展。问题教学的本质特征有以下几点：

第一，问题教学是学生寻找和发现新知、新法，解决问题的过程。

第二，在这一过程中，教师是"问题"探究活动的启动者，在较多情况下也是问题的发现、提出者，同时教师也是学生寻求问题解决时的帮助者，但问题的最终解决还是学生独立自主地获取的。

第三，要致力于培养学生的问题意识，让学生学会发现问题、思考问题、探究解决问题的方法路径。这是问题教学的最初动因，也是最终目标。

仅仅教会学生回答问题不是教学的目标，增强学生发现问题的意识，培养学生提出问题的能力，才是语文教学的第一课题。教师在接触一篇课文，阅读并思考这篇文章的教学方案时，应该首先考虑文本中潜藏着什么样的事关文本主题或疏通全文的关键性内容，能否从中概括出一个可以向学生提出的问题，以推动全文的正确解读。或者，让学生在细读课文后仔细思考、提出自己的问题。应该鼓励学生敢于提出问题的表现。当然，教师也不能逢题便用。如果学生提问题比较踊跃，应从中筛选比较符合教学意图的问题来使用。教师还应该教会学生思考、辨析为什么要选择某问题来全班探究，为什么这样的问题是重要的。

第二节 体 验

（一）课程标准中的"体验"及同族词意蕴

《义务教育语文课程标准（2011年版）》"评价建议"指出："语文学习具有重情感体验和感悟的特点"，这表明"体验和感悟"这两种富有感性色彩和直觉意味，并且与以"理解""认知"等词语所描述的意义相对应的心脑活动在语文教学中的地位。"课标"在"课程目标与内容"中指出：

阅读是学生的个性化行为。阅读教学应引导学生钻研文本，在主动积极的思维和情感活动中，加深理解和体验，有所感悟和思考，受到情感熏陶，获得思想启迪，享受审美乐趣。要珍视学生独特的感受、体验和理解。教师应加强对学生阅读的指导、引领和点拨，但不应以教师的分析来代替学生的阅读实践，不应以模式化的解读来代替学生的体验和思考；要善于通过合作学习解决阅读中的问题，但也要防止用集体讨论来代替个人阅读。

我们可以很明显地注意到，"体验""感悟""感受"已经成为这段话的主旨词语，非常引人注目。为此，笔者做了一个与"体验""感受"意蕴类同的词族的词频统计，发现在《义务教育语文课程标准（2011年版）》全文（不包括"附录"）中，"体验"竟然出现了21次之多，"感受"也出现了18次。值得关注的是，与这两个词语在内涵、外延上有亲缘关系的一些词语，如"语感""感悟""领悟""感染""体会""体味""品味""熏陶"等，也屡屡出现。

"体验""感受""语感""感悟""领悟""感染""体会""体味""品味"等这些词语的受宠，是因为它们所描述、所承载的那些教学策略、方式，也显现在新课程所倡导的语文教学策略和路径之中。这些词语所指称的学习形态，体现了人之鲜活的心理生理及大脑思维禀赋，它们的内涵虽然有所区别，却具有鲜明的突出共性，那就是：身心的、感觉的、情感的、鲜活的、想象和联想的，以及具有生成性的、个性的。

体验是人生经验中的情感好恶、意义色彩、价值判断的心理烙印。学生在进行文本阅读时，大脑心理活动和身心感觉功能即时进入对文本语言的感知，领会文本的主要内容，体验语言叙述的情节、细节或描绘的情境。在反复细读咀嚼中，他们通过更多更细密的感知、体验，聚焦于那些人物行为或故事的中心或焦点处，或者景物情境最鲜明、最奇特、最吸引人之处，或者与他们此前曾有的体验相似之处，自然而然地融入文本情境，产生情感体验。在这种体验中，深入地理解了文本，受到了教益。

小学生学习中的体验、感悟能力，是以他们身体生理心理的发育、发展程度为基础的。小学生初入学时对事物的感知还比较粗略、零碎和模糊，随着年岁的增加、大脑和身体感觉器官的生长发育，他们的感知能力渐渐发展到能够比较准确地分别感知事物的各个局部。之后，逐渐能够感知到事物的主要特征，再进一步到能够发现事物各个局部之间的联系。低年级小学生的想象具有模仿、简单再现和直观、具体的特点，到中高年级，创造性想象也开始发展起来。随着年级的增高，小学生的思维从具体形象思维为主，向抽象逻辑思维逐渐唱主角的阶段过渡。但此时他们的抽象逻辑思维在很大程度上仍是直接与感性经验相联系的。

小学生生理心理的这些素质和发展，为他们在学习实践中的体验、感悟能力提供了良好的基础条件，这也是课程标准在义务教育阶段倡导重视"体验"的教学的理论依据和现实基础。

也正是在这样的事实和理论发现的基础上，在课标理念的推动下，近些年来我国语文教学界兴起了"体验性教学"热的动因。

（二）小学语文体验性教学

2019年6月教育部发布的《关于新时代推进普通高中育人方式改革的指导意见》明确指出，要积极探索基于情境、问题导向的体验式课堂教学。这标志着体验式教学已经受到教育主管部门的重视。上述内容虽然是针对高中而言的，但实际上对于中小学教学也非常有意义、有价值。近十年来，体验式教学已经在我国中小学学科教学中占有了一席之地，虽然如今还远远谈不上成熟，但确实已经取得了一些可贵的实践经验和理论建树。

体验是小学语文教学的重要方式。小学生的大脑思维能力主要处于形象思维阶段，这样的思维特点与他们认识事物时所自然贴近的直观性、形象性特点相吻合、相适应。这反映在小学语文阅读教学上，就是要求教材教学要适应儿童思维特点。教师在教学中要更多地调动学生的直接经验和体验功能，让他们在文本阅读中有更真实、更切近的体验和感知，从而获得对文本思想内容和情感的理解和感悟。缺少体验参与的教育往往将注意力更多集中于认知层面，聚焦于对知识与技能符号的掌握。单纯地记忆这些符号很难让学生获得情感、态度、价值观等方面的发展。

体验式教学以引发学生的学习体验为中心，通过学生学习体验的生成来建构语文知识和能力素养。它强调让学生亲身经历及借助文本阅读"亲心"经历，来进行语文学习。它呼唤教学过程更加深切地关注学生的全面发展，关注学生素质的完整性和独特个性。在体验式教学的阅读活动中，学生在知、情、意方面对文本内容及其意蕴进行"亲心"历验与体认。它是学生的生理与心理、感性与理性、情感与思想多方面交织的运动。它内在地契合于教育过程中学生主体与外在世界的交接和感知意识的内化过程。

小学语文教材的范文绝大部分是儿童文学作品，包括儿歌、儿童诗、童话、寓言、故事、浅近的古诗、简单的叙事性作品等（小学语文教材中数量极少的说明、说理类文章也都带有一定的文学色彩）。进入教材的文本，其语言表达和思想情绪色彩，都很符合小学生心理、意识和言语发展阶段的特征，浅显易懂，生动形象，朗朗上口。其中的叙事故事、情境描绘、事物状貌、人物形象也都是儿童喜闻乐见的。它们适应了儿童的好奇心理，迎合了儿童无拘无束、天马行空的想象。这样的课文非常需要，也非常有利于体验性教学的开展，成为师生体验精彩人物故事情节、欣赏自然美丽山河景象、品味人间生活诗情画意、让儿童自由想象的美好天地。

课程标准确立了语文教学"工具性与人文性相统一"的内在联系，据此，统编语文教材采用了"宽泛的人文主题与语文要素"融通并行的总体架构，这就决定了学生作为学习主体在学习中将扮演什么角色是在两个不同维度的参与中确认的。第一，对于"工具性"这方面，教学的本质是一种"求真"的运动，教学中的授受行为是对于科学知识与科学精神的认同；教学目标指向知识性、技术性和实用性。在这一境况中，学生在教学活动中扮演的主要是"接受"的角色。第二，对于人文内涵方面，教学的本质是一种"趋善"的情感意识类的心理运动，指向情感、态度和价值观领域，以形成学生的人生态度、道德人格、审美素养为价值归宿。学生因其学习活动的"体验"性质，体悟与感受的结果源自"生成"的效应。因此，在此体验和感悟的过程中，学生更多地扮演了主动进入者、学习亲历者的角色。

在语文课程"双轨"运行的车道上，教学者对任何一条轨道的畸轻畸重都是不能接受的。确认学生主体体验性，不能排斥和拒绝学生主体接受性；认可"求真"的接受性，也不能遮蔽学生主体的"趋善"的体验性。在体验过程中，学生作为学习主体亲历、体认、品味与验证的过程，是其知、情、意的良性互动过程，对学生人格的形成产生了极其重大的影响。因此，充满体验性的学习是建立在对学生学习主体性的完整理解上的，即学习过程中接受性与体验性互为同伴、互为补益、表里相融、相守共生的整体参与性。"工具"与"人文"二者的结合形成教育目的合规律性与合目的性的统一。

（三）语文体验性教学中"体验"的生发和诱导

语文体验性教学中"体验"的生发和诱导，涉及多方面的因素。

首先是课文的意蕴及其表达方式。适合小学生阅读、能够唤起他们关注、引发他们体验和感悟的课文，都是紧密联系生活、故事性、趣味性比较强，表达上通俗易懂、生动活泼，篇幅比较短小的文本。这些语文作品最容易引起学生的兴趣、触动他们的心灵。

语文教材文本的呈现方式也是一个不可忽视的因素。图文并茂、色彩引人的版面，更易于增添文本内容的隐性色彩，受到学生的关注。

其次是课堂教学中学习活动的组织动员、交流展开、深入推进等环节的方式和手段。这方面涉及的因素很多，在实际的教学以及老师们的试验探讨中有多种模式和样板，各有特色，此处不拟详述。

1. 读，语文体验性教学的起点和首要的着力点

体验性教学的教学观认为，在语文阅读教学中，文本给予学生的第一印象至关重要，而学生获得这第一印象的渠道只能是"读"这一行为。就是说在课堂上要尽快让学生用眼睛触摸文本。《义务教育语文课程标准（2011年版）》指出："语文是实践性很强的课程，应着重培养学生的语文实践能力，而培养这种能力的主要途径也应是语文实践……应该让学生更多地直接接触语文材料，在大量的语文实践中掌握运用语文的规律。"语言产生于实践，使用于实践，通过语言实践去学习语言，发展语言能力，是符合语言应用规律的。"一切语文从实践去学习比用规则学习来得容易……在可能的范围内，尽量使学生这样

去做。"（夸美纽斯）

关于从文本研读中学习语文这一点，李恒秋先生说得非常好：

要立足文本，以心灵走进文本，才能获取深刻的文本体验和真切的文本意义……刘勰说"缀文者情动而辞发，观文者披文而入情。"对文本语言的品味揣摩，是阅读教学的基本任务，是语文教学最具"语文味"的表现。

阅读是读者和作者心灵的对话。如若没有作者的情动辞发，则无体验对象；如果没有读者的披文入情，则无法启动这体验。通过语言材料表情达意或者入情悟理，是品尝语文味的正途。

李恒秋先生又说：

品味文本语言，要把心沉浸到文本的字里行间，对"语"动情，对"言"深思。揣摩、辨析、感悟、欣赏，嚼出真味，从文本语言中体会作者的思想感情和表达技巧。[①]

"揣摩、辨析、感悟、欣赏、嚼"，各种富于感性、语感，连同语言直觉和理性思考的心智能力开放出来，沉浸到文本语言之中，从言语技术到情感意蕴的全面体悟就"嚼出了真味"。情感元素是体验生成的基础条件。体验学习对文本内容本身或者文本内容诱发的情感表现都很敏感，因此，在体验性学习中，人的感觉常常与羡慕、赞同，或厌恶、憎恨等情感性的感受融为一体。

教材例文阅读，是理性思维和感性体验兼而有之的心智运动。文中的一切真善美的事物、人物、事迹、言谈举止、思想风貌等，或能引发学生的感动、倾慕、爱恋、同情、憧憬，或能调动学生的思考和遐想。教师的角色，就是在教材文本和学生之间充当积极的助手和导师，在人文情怀与语言工具这两个相辅相成的文本要素当中充当媒介。他把经由自己精心读透品熟的文本介绍给学生，提供给学生一些参考

---

① 李恒秋：《例谈语文的阅读体验教学》，《文学教育》，2012年第6期。

信息，安排指导学生细读，引导他们感受、体验、领悟文本的思想内涵、情感魅力和表达要领。

2. 以"读"为主提挈主题，教学案例给我们的启示

案例一：闫学老师语文阅读教学《匆匆》

在一些成功的阅读教学案例中，优秀的教师善于抓住文本中与主题密切相关、意义隽永的词语、语句或语段，进行精准点拨，设置师生之间的贴心问答，引发深度体悟，或者运用分角色朗读、现场角色扮演等多种多样的手段，诱发或加强学生的即时体验。小学语文特级教师、国家级学科带头人闫学老师执教朱自清的《匆匆》一课（统编小学语文教材六年级下册），就提供了很好的教学案例。这篇课文的主题是"时光匆匆，一去不复返"，启迪人们要懂得珍惜时间。在教学中，闫学老师精心策划设计，运用了多种灵活精准的手段，形成简捷短小的教学片段，有效地调动了学生的生活体验。

【教学片段】

师：请注意父亲说的最后一句话——"有一天你度过了你的时间，就永远不会回来了。"这句话看似简单，但这简简单单的一句话，真要透彻地领悟它却不是那么容易。就拿我们自己来说吧，想一想，去年的你和现在的你一样吗？

生：不一样！

师：你的什么变了？

生：年龄变了。

师：你长大了一岁，更加懂事了。

生：思想变了。我原来很开心，很快活，很单纯，什么事情都想得很开。可是现在我再也找不到以前快乐的时光了。我很茫然，我已经和朱自清一样的心情了！

（听课教师和学生中响起掌声）

师：不要痛苦，也不要难过，这是成长必然经过的痛！她成熟了，

应该祝贺她才对！老师这个年龄也经历过这种茫然的痛苦！

生：我想问一下闫老师，您这么大有没有对您的年龄变化有想法？

（听课教师和学生中响起笑声）

《匆匆》原文中的一句话"有一天你度过了你的时间，就永远不会回来了"是全文的"龙眼"所在。闫老师抓住这句话，用"就拿我们自己来说吧"，调转方向直接把问题掷向学生，发问："去年的你和现在的你一样吗？"如同精准的扣篮一样，将对于这句话的品味、咀嚼直接投置于学生的心灵之中。一句问话使学生原本作为文本中"父亲说的最后一句话"的倾听者、旁观者，瞬间变为被询问者、受事者、亲历者这种不容回避的角色。这一问非常巧妙、一语中的。"时间不知不觉飞速流逝并且再也不回来"这种醒悟般的瞬间体验，立刻使学生心潮澎湃，吐露出了自己的感受和困惑："我再也找不到以前快乐的时光了……"此种体验感虽然尚有学生儿时的幼稚成分，但却又是发自内心的震撼、令人动容。

再看这堂课的另一个细节：

师：让我们一起读。

师：燕子去了——

生：有再来的时候；

师：柳叶枯了——

生：又再青的时候；

师：桃花谢了——

生：有再开的时候；

师：叶子黄了——

生：有再绿的时候；

师：潮水退了——

生：又再涨的时候；

师：月亮缺了——

生：有再圆的时候；

师：日子去了——

生：没有再回来的时候。

当学生对应接续老师的最后一句话的时候，心灵受到的冲击可想而知。像这样对人生哲理的领悟和情感体验是真实而深刻的。相信这一堂课会在许多学生脑子里留下深深的印象，影响到他们的一生。

这堂课也给众多当堂听课，以及通过传媒看到课堂教学实录（记录）的老师留下很深的印象。有的老师说，他们在对朱自清这篇讲述时间与生命的佳作备课时，都会想："怎样才能让年龄这么小的孩子，对'时间一去不复返'这样的人生哲理产生共鸣呢？"显然，闫学老师备课时，也是就此充分研究了学生的。他在一篇文章中谈到这一问题，他说："学生不会觉得时间过得快，相反，他是生怕时间过得慢的。"针对这一心理特点，他事先做了那些有意味的教学细节的模拟设计。只有以心灵浸润于哺育孩子们的事业中，真切地了解孩子们的成长需要和心灵向往的老师，才会如此细微贴切地读透学生的心理，为他们设置出这样巧妙灵动、富有启迪、充满人情味的答问。

案例二：于老师语文阅读教学《水》（片段）

江苏南通市于老师的《水》的阅读教学课，堪称语文体验性教学的一个成功案例。限于篇幅，以下拟选用该课第二课时教学实录做一些学习探讨性的评析。

【教学片段】

一、认读词串，回忆水的珍贵

师：这节课我们继续学习第26课——《水》，首先我们来认读一组词语。

（出示：干燥　炎热　骄阳　风干　渴望）

师：谁来读一遍。

师：你读的声音很洪亮。能说说这组词带给你一种什么样的感觉吗？

生：特别干燥，赤日炎炎，身体非常缺水的感觉。

师：你能把这种感觉读出来吗？

（生读）

师：你的悟性很好，只有用心去读的人才能读出词语的内涵。谁再来读一读这组词语？

（出示：抚摸 清凉 倾注 润湿 痛快）

师：你读出了水的清凉，有水的痛快。通过上节课的学习我们知道，作家马朝虎出生在一个缺水的小山村，在村民的眼里，水是什么样的？

生：水是非常珍贵的。

生：水是比酒还贵的东西。

师：在村民的眼里，水，成了村子里最珍贵的东西。（板书：最珍贵）

师：这节课就让我们再次走进那个缺水的地方，请同学们小声地读课文，看看文章哪些地方让你感到了水的珍贵，把它画下来，在旁边写上自己的体会。

于老师先安排学生读这两组词是有深意的。"干燥、炎热、骄阳、风干、渴望""抚摸、清凉、倾注、润湿、痛快"，这是两组不同背景下充满了感觉色彩和情绪动态的词，凸显了"水是人类生存的珍贵资源"这层意思。学生读后，于老师先后发问："能说说这组词带给你一种什么样的感觉吗？""你能把这种感觉读出来吗？"指导学生读出缺水的感觉和久旱逢甘霖的感觉。当学生成功地读出那种感觉时，于老师及时评价说："你读出了水的清凉，有水的痛快。"然而于老师没有就此止步，他让学生再读课文，"看看文章哪些地方让你感到了水的珍贵"，并且要求学生"把它画下来""写上自己的体会"。这样的再读、再画，突出"感到了"，突破语言表达局限，引进绘画艺术手段，再次体验、理解，强化了"水是人类生存的珍贵资源"这一文本主旨和教学主题。

在前前后后的学生朗读和教师启导中，"水，成了村子里最珍贵的东西"，这句话被师生反复读了10次，使这节课阅读课的教学主题非常显豁和流畅。而且这句话每出现一次，都意味着学生对"人类对于自然的依存关系"的认识更为加深。

这篇文章的教学方法，最突出的是"读"的运用，真正做到了语文阅读教学首重"读"、以"读"为根本这一不可违逆的教学原则。整节课教学活动的全过程，包括其中每一个环节、步骤或片段，都安排了"读"。而且"读"的起点、氛围、方式、风格以及读后的迎合延续等，丰富多彩、变化多端。笔者统计：从读的主体来看，有教师读、学生单人读、学生群体读；从读的形式看，有有声朗读、小声细读、默读；从读的意图指向看，有认读、品读；从读的内容看，有读词、读词串、读句、读段落、读全文；从特定语言单位读的频数看，有一次性读，有多次反复读。从每一次读之前的氛围营造以及读后的承续发展看，都有着教师的前启迪提示、后评点生发，甚至还有使用其他表达方式（例如绘画）配合主题的，使得每一次"读"都能获得良好的教学效应。

这节课的教学结构也非常简洁明晰，全课包括三个阶段，每个阶段突出同一个主题，但阅读方式和切入角度有所不同。第一阶段为"认读词串，回忆水的珍贵"；第二阶段为"默读全文，感悟水的珍贵"；第三阶段为"汇报交流，品读水的珍贵"。随着每一个教学阶段的渐次完成，学生对"水"的认识和感情也在变化。一方面，对人类与水的依存关系的理解更加切实、完整、深刻；另一方面，对人类的生命之源"水"的情感也更深厚、更饱满。"爱护水资源"的思想情感已经浸透在每一个学生的心中。这也就是说，这节语文阅读教学课成功地实践了、验证了《义务教育语文课程标准（2022年版）》"语文课程工具性与人文性相统一"的理念。

案例三：于老师语文阅读教学《水》（片段）

在前面的教学环节中，整个教学气氛和学生的体验、认知情绪已经差不多近于高潮。于老师"读"的教学还需要继续，但其方式方法应当有所改变了。那么于老师是怎么处理的呢？

（学生自由练读）

师：久旱逢甘雨，谁来把你的感受读出来。

师：如果你就是这个村子里的一个孩子，面对这场期盼已久的大雨，你会怎么做？

生：大声地喊，雨来了，雨来了。

生：脱得光溜溜的，在雨中奔跑跳跃。

生：和同伴们互相把水泼在对方身上。

师：这样用水的机会真是难得啊。你能把这种痛快的感觉读出来吗？

（生读描写孩子在雨中痛快的句子）

师：这样的雨让你感到凉爽、惬意、痛快，让我们一齐加入他们的行列中去。

师：透过这场令村民欣喜若狂的雨，你还看到了谁，听到了什么？

生：我看到一位老人他用枯瘦的手接着天空中的水，喃喃地说："终于下雨了！"

师：你不仅说出了你看到的老人，还加上了细致的描述，而且语言跟人物非常贴切。

这阶段的"读"，特点是与想象、联想以及开怀表达结合起来。于老师一句"如果你就是村子里的一个孩子，面对这场期盼已久的大雨，你会怎么做？"立刻唤起了孩子们的热烈反应。孩子们的想象力创造了在雨中呼喊、奔跑、跳跃、泼水的情景。他们激动地倾泻自己的感觉和思想，思维能力和口语表达能力得到了在类似真实场景下的锻炼。这时，于老师用一句问句"透过这场令村民欣喜若狂的雨，你还看到了谁，听到了什么？"继续唤起孩子们蓬勃的想象力，他们的语言表达能力随着体验和感受的增强而自由地飞翔着。

从语言描绘的水、缺水，到想象、感觉中的大雨倾盆，从话语叹息描绘出来的缺水困境到想象联想中丰雨时刻的狂欢，学生的理性认知和感性体验都得到了生发和发展。这呈现的是一个完整的理性与感性交接、工具与人文融通的精神世界和教育天地。这样的语文阅读教学案例，以教学事实、典型案例，积极探寻完成着课程标准理念的期待和语文新课程前行的道路。语文课程教育专家、语文教育科研工作者和一线语文教师应该密切关注和研究这些可贵的案例，积极追寻语文教学人文性与工具性双线结合，均衡、全面发展的前景。

3. 文本阅读之外的拓展

使用下面这个写作教学而非阅读教学案例，是会为了变换一种角度，来观察和体会语文教学中唤起学生身心体验的意义与作用。读者在这个案例中得到的启发，与在阅读教学案例中所得到的启发，其实质和要点是同样的。

某校孙老师在六一儿童节前夕的课堂上告诉学生："孩子们，老师送给你们一件特殊的礼物。每个人只要在脖子上挂一天，它就归你所有了。"兴奋的孩子们收到的"礼物"竟然是人手一个生鸡蛋。孙老师又说："一天以后，我希望也能收到你们的'礼物'——每个人在纸上谈一谈保护它的感受。好吗？"[①]

一天之后，孙老师如期收到了全班同学回赠的"礼物"——挂蛋后的体验作文。孩子们写得真实具体生动，很有感怀。

学生袁萌自拟作文题目《鸡蛋项链》，她写道：

我小心翼翼地把那枚鸡蛋装入塑料袋，用红绸带系牢，再郑重其事地把它挂在脖子上……每当俯下身来写作业，我都用左手护着蛋，

---

① 孙剑锋：《一份特殊的礼物——作文教学体验案例与反思》，《辽宁教育》，2003年第9期，第47-48页。

生怕挤淌了它……

我放弃了跳皮筋儿的游戏，甚至连上厕所，我都一手提裤子，一手护着它……

这是怎样的一种入情入心的体验啊！然而，正是这体验给了还是儿童的作者身经历中的一次从未有过的感受，其中包括对一种孕育生命的事物（鸡蛋）的珍视和呵护、对一种被交托的责任的担当、对整个过程的承受、担心和希望的复杂思绪和感情。他亲历了一个虽然短暂但也并不算简单的真实故事，在他心中太值得铭记和述说了。这样，他写出一篇作文还难吗？

课外活动开始了，因为重任在"脖"，我只能文静地看球了。正当我全神贯注地看球时，谁知"天有不测风云"，一只强力扣杀的排球飞入我怀，"嘭"的一声，"项链"顿时破碎了……

那一刻，我突然明白了：不仅仅是呵护一个生鸡蛋，呵护一切脆弱的东西，都需要精心、爱心和责任心。

孙老师一个点子，孩子们一片爱心，让孩子们获得了这次写作前的体验。孩子们逃脱了"记一次愉快的节日活动""六一儿童节所想到的"之类的指令式题目，摆脱了在作文教学中经常遇到的"不知道写什么""不晓得怎样写""不得不写一些空话套话""只好编造一些假事假话来说"，以及"老师你饶了我们吧"等难堪的局面。他们在体验的成就感与快乐感中，变得"有故事可讲""有心里话要说""真实地自在地说"。由此，作文训练就获得了很好的教学效果和学习体验效果。

孙老师在对这次作文训练的反思中说道：

作文体验教学对授受教学提出的拷问是：作文仅靠一味地告诉就行吗？若此，陆游的儿子一定会成为诗人。遗憾的是这并没有成为现实。可见作文不能单靠告诉。

孙老师的"拷问"尖锐而一语中的，直指"授受"式教学的弊端。他所说作文教学中"一味地告诉"在学校教学中仍然是常见的。有的老师还没有意识到，虽然"告诉"有时候是必需的，但在语文教学中要慎用"告诉"，少用"告诉"。凡是学生通过阅读、体会、探究，自己的实践感悟、老师的启发指点能够获得的，都不要简单地"告诉"给学生。

　　孙老师也讲了"让学生去体验"教学理念的主张和优势：

　　　　不刻意去"教"诸如"选择素材""谋篇布局""遣词造句"之类的清规戒律，以免消磨孩子的兴趣，绳规孩子的思维，扼杀孩子的个性。"不教而教"是一种"教"与"学"的和谐统一，一如水上写字，不留痕迹的教学艺术。"不教而教"是一种更用心、更巧慧、更有价值的教学境界。

　　在这个作文教学课例中，孙老师的"不教而教"是巧妙地运用了"体验"的综合教育作用，让孩子们在完全真实的境况和任务驱动下，体验到珍惜、爱护一件有价值的事物所需要付出的情意和辛劳，体会到人与人之间承诺和责任的意义，并由此而悟及人生历程所需要的那些品质和努力去争取的行为。而对于一堂作文教学课来说，孙老师的"体验"式教学法获得了满分。

第三节　感　悟

一、感悟的意义及其与体验的关系

　　在体验中领悟到一些对人来说有意义、有价值的东西，即所谓"感悟"。《义务教育课程标准（2011年版）》把"体验"和"感悟"连用在一句话中："语文学习具有重情感体验和感悟的特点。"显示出这两个词语既有意义上的联系（它们同时在一类心智功能中起作用），又有着内涵上的区别。

感悟是阅读体验的结果。有所体验才有所感悟，两者是连缀在一起的。语文教学中认真有效的阅读，是细读作品。在细读中体验，感受到作品的情境美、情操美、语言美、韵律美、形式美等；读者有时甚至因为感动而不由自主地把自己的人生感受融入作品情境、进入角色，从而深入体验到作品内蕴的生命情感，得到启悟。

然而在语文教学中，能够让学生形成因阅读而感悟的习惯和能力也并不是一条平坦顺畅的道路，其中的讲究还是很多的。阅读教学的真功夫好功夫，需要教师付出扎实艰苦的努力，才能有好的把握。

多年来，我们常常见到的情形是，教师往往直接将文本语言中隐匿着的主题、意义、思想、结论直接告诉给学生。那些本应由学生在老师帮助下，通过阅读而产生体验、感受，从而获取得到的真实、鲜活、生动的知识、技能和情感，被老师用抽象概括的语言灌输给了学生。这不但不能深化或者提升学生对故事情节、人物形象、思想主题的理解，反而让学生感到抽象难懂、索然无味。这就干扰了学生的阅读体验，挫伤了学生阅读文本的积极性，使得学生的阅读兴趣越来越淡薄。

"感悟"描述的是因感而悟，语义的侧重点在"悟"，即人充满感性的阅读活动获得了含有理性品质的认识上的效益。这是一种感性与理性、具象与抽象相融合的表现。"体验"描述的是在综合性的感觉中体会、体味，这样一种状态的发生过程，其中包含了情感因素。"体验"，语义的侧重点在描述一种状态，而不是结果。《义务教育语文课程标准（2011年版）》所称"语文学习具有重情感体验和感悟的特点"，正是利用了两个词语表达力的共性和个性，既概括又全面地描述了语文阅读教学的一部分重要特点。课程标准的另一次表述，也是在同一句话中使用了这两个词语："注意在诵读过程中体验情感，展开想象，领悟诗文大意"。

"方法、技能训练与体验、领悟相结合"，这种学习模式几乎涵盖了语文学习的所有内容和活动阶段，照顾到了语文课程"工具性与人文性的统一"这一语文教学的基本特性，适应了统编语文教材"人文主题与语文要素"双向结构的教学需要。从学习的心理"建构"过程来说，也是兼顾到了感性与理性这两种思维特性的合作需要。

二、阅读教学中学生"感悟"的生发

（一）重视文本细读

用眼睛触摸、亲吻，揣摩作品，是阅读者把握作品唯一有效的途径。没有对文本的细读，体验、感悟无由产生。"熟读唐诗三百遍，不会吟诗也会吟"，这正是中国传统阅读方式产生理解灵感的生动概括。反复阅读、吟诵，才能让人深入到对语境的直觉体验。古人还常常说"书读百遍，其义自见"，就是揭示了只有在将文本反复品读的基础上，才能真正体验、感觉到它的温度和性情、内蕴。教师需要带领学生抓住文本细读这个关节，进行细致、精确的语义分析，才能实现对文本意义准确、透辟的解读，理解作品描绘的形象及其价值。

语文教学的大忌就是以教师自以为高明的"讲解"代替学生的阅读体验和感悟。有的教师往往在教学初始进行"课文导入"时，就先入为主地讲述作品的思想意义和社会影响，然后让学生读上三两遍作品，就进入"我来分析一下段落层次""归纳一下中心思想"那一套操作。要纠正这种架空文本阅读体验、空谈思想意义、写作方法的错误倾向，正确的做法是带领学生细读文本，抓住那些类似于"文眼"的关键的词语、句子和段落，即关注文本的语言因素，体味、咀嚼、品尝作品中独具特点的声色、形貌、情感、韵味、细节……只有这样，学生才能领会到作品语言中的理趣。也只有通过细读文本，学生才会对文本所讲述、描绘的事件、景观、情节等产生兴趣，直至想要了解与此相关的更多的东西。

（二）关注学生生活经验，从感性入手

一位老师在教学统编版小学语文四年级上册课文《爬山虎的脚》时，别出心裁地用了一则谜语来导入：

师：大家先来猜猜两条谜语吧。

板书：（1）上搭架，下搭架，条条青龙藤上挂。

（2）上搭架，下搭架，串串珍珠藤上挂。

（生很快猜到是丝瓜和葡萄）。

师：厉害！大家说说，我们要是种丝瓜和葡萄，首先要做一项什么工作？

生：搭架子、搭架子！不搭架子，丝瓜和葡萄就不能往高处生长。

师：我知道这两条谜语是难不倒你们的。（微笑）同学们知道葡萄和丝瓜都是攀缘植物，靠搭架子才能往高处长。这种"爬山虎"呢，也是一种攀缘植物，可它不用搭架子，也能往高处爬。这是为什么呢？……

小学生处于少年儿童身心发展阶段。此时他们的大脑思维还处于以形象思维为主逐渐向以抽象思维为主转变的时期。四年级学生的思维仍是以形象思维为主导的状态。这位老师使用两则谜语来导入课文阅读教学，难度小，生动形象，富有趣味性，也与课文知识内容契合。老师又不失时机地用一句"这是为什么呢？"轻松地启动了文本的研读。她的整个导入处理得很恰当也很巧妙。

激发学生产生与文本主人公相同或相似的情绪体验，是启动一篇课文的深入阅读、引导学生感悟的好办法。特级教师薛法根就是这样来启动《我应该感到自豪才对》的教学的。

师：同学们认识我吗？我姓薛。仔细看看我，有些什么特点？

生：你长得很高、很瘦。

师：高好啊！站得高，看得远嘛！

生：你的头很小。

师：头小，智慧多。

生：你的脖子很长。

师：脖子长好啊！天鹅的脖子多长，那是高雅！

（众笑）

生：你有点驼背。

师：这是我向骆驼学习的结果。当然，我只能成为单峰骆驼。

（众大笑）

生：你的字写得很漂亮。

师：（与学生握手）谢谢你，只有你夸奖我！要不然，我真的会感到很自卑的。但是我们还是应该时时感到自豪才对。（指示学生读课文）

生：齐读课题《我应该感到自豪才对》。

薛老师用诙谐、幽默的语言，引发学生当面、真实具体地谈论对他的印象，自己则趁机进行自我评价，将学生对他的直觉印象都引向积极的、肯定的评价，顺势导出"自豪"这个概念。这样就非常自然而又趣味盎然地把学生的注意力引向《我应该感到自豪才对》这一主题。于是学生在文本阅读理解中，就会很容易地、自然而然地生发出"人生需要自豪"这样的感悟。如果薛老师以特级教师的学识，洋洋洒洒谈一番"自豪的意义和作用""我们为什么需要自豪"这样的大道理，来强调学习这篇文章的重要性，这节课的教学效果就可想而知了。

统编版小学语文教材的编者们是深谙文本阅读学习感性启动个中诀窍的。整套统编小语教材本身就是一本本针对小学生身心发展特点、遵循人类学习认知心理活动规律，适应语文阅读教学独有的品质特征而精心编制研发的一套语文教材。其中多环节、多点面也体现了"从感性介入"的编排思想和呈现特征。本书不拟专门讨论这一问题，只是借此机会借此话题，用教材举例，印证一下"从感性介入"的妙处。

统编小学语文教材四年级下册三单元9课《诗歌三首》（冰心作）的课文以图文并茂、境界清丽、色彩鲜明、富有特色的方式呈现出来的，它把绘画语言与诗歌语言完美融合，给人极大的美感，完满地衬托了三首诗歌的意境。

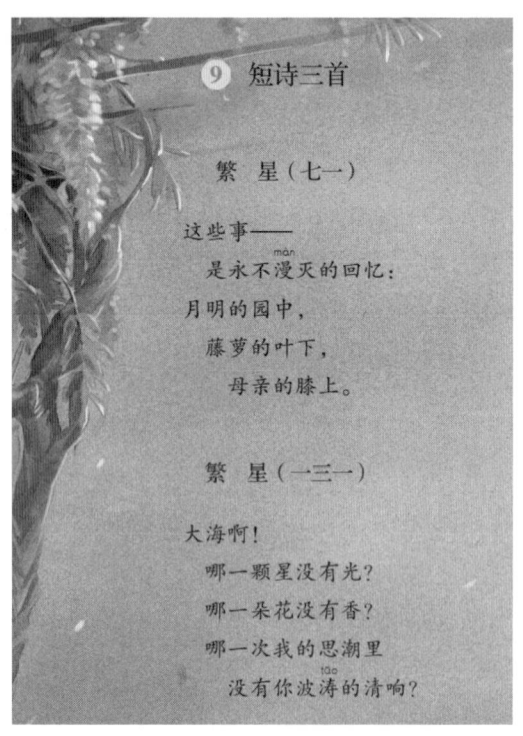

图 5-4　统编版小学语文教材四年级下册三单元9课页

而这课的练习题设计，也是"从感性介入"的。如下：

◎反复朗读课文，体会诗歌的韵味。背诵课文。

◎"月明的园中，藤萝的叶下，母亲的膝上"，唤起了你怎样的感受？

◎朗读第二首诗，体会诗人表达的情感，和同学交流你的感受。

◎第三首诗中的两个"风雨"有什么不一样?

活动提示:

诗歌的海洋里有无数珍宝。让我们开展综合性学习,感受诗歌的魅力。

可以通过阅读报纸、杂志、书籍等方式,收集喜欢的现代诗。

准备一个摘抄本,把它们工整地抄写下来,注意写清楚作者和出处。

上面四道题中的第一题"体会诗歌的韵味"进入了诗歌欣赏的审美境界,这是感性与理性融合的高境界;第二、三题直接点明要"唤起感受"和"交流感受";第四题思考两个"风雨"的不一样,提升了练习作业的思维层次、能力要求和理解深度,要求学生从风雨的感性直觉上升到对其内涵的理性解读。

接下来,教材又安排了"让我们开展一次综合性学习,感受诗歌的魅力",这是基于这次诗歌教学的乘胜追击,是一次扩展。最后还安排了扩展性的阅读、搜集和摘抄活动。

以上所举的两个例子都说明了,要驱动文本教学中学生体验感悟的生发,就要考虑以感性介入。这是启动小学语文阅读教学的一个好经验。

(三)尊重、呵护学生阅读体验和感悟的独特个性

著名散文家余秋雨在给青年朋友的书信中的"阅读建议"里说:"其实阅读是个人的事,字字句句都要由自己的心灵去默默感应。"这是对于人们阅读个性的十分深刻、精妙的见解。著名作家毕淑敏也在《阅读的感觉难以比拟》中描述了她的阅读感受:"它有些像吃。对于头脑来说,渴望阅读的时刻必定虚怀若谷","它有些像睡。睡眠中蕴藏着奇妙的物质,起床的时候我们比躺下时信心倍增","它有些像搏斗。阅读的时候,我们不断同书的作者争辩"。她非常生动、丰富而且深刻地印证了余秋雨关于"阅读是个人的事""由心灵去感

应"的见解。

在语文阅读教学中，由于每个学生的家庭文化背景、生活习惯、个人爱好、知识基础、认识能力、阅读爱好、思维视野等都千差万别。这就导致了他们在语文阅读中感悟的差异性。即使对同一篇课文，不同学生的阅读感悟，如在词语句段的理解、情节故事的好恶、思想内容的领会、心绪情感的回应等很多方面，都总会有一些区别。因此，在阅读教学中，教师要尊重学生阅读个性的不同，对其中表现出来的不同的好恶、彰鄙、冷热、亲疏的不同感受见解，应客观宽容看待。要意识到学生的独立思考和个性体验、感受是有其理由和价值的，因而应珍视、呵护这种个性，使之成为课堂上语文风采的一部分。

2011年版"义务教育课程标准"十分关注学生学习个性的保护，课程标准在谈到所有与语文学习有关的环节、内容、要求、评价标准等方面的时候，都反复指出要尊重、珍惜和爱护学生的学习个性，要求：

"要尊重学生在语文学习过程中的独特体验。"

[课程基本理念·（二）正确把握语文教育的特点]

"养成留心观察周围事物的习惯，有意识地丰富自己的见闻，珍视个人的独特感受，积累习作素材。"

（学段目标与内容·第三学段·习作）

"阅读是学生的个性化行为……要珍视学生独特的感受、体验和理解。教师应加强对学生阅读的指导、引领和点拨，但不应以教师的分析来代替学生的阅读实践，不应以模式化的解读来代替学生的体验和思考；要善于通过合作学习解决阅读中的问题，但也要防止用集体讨论来代替个人阅读。"

（实施建议·教学建议·关于阅读教学）

对于教育者来说，对学生的独特体验和感悟要"尊重"，对于学生自己来说，对于自己"个人的独特感受"要珍视。上面引用的第三段话，则是从师生关系、教学关系的角度来谈的。课程标准明确指出了教师应做什么、不应做什么；要善于什么、要防止什么。这段话是对教学关系中保护学生学习实践主体权利，以及爱护学生学习个性最经典的一段描述。

要正确认识"尊重学生个性体验"的意义和目的所在。"尊重学生的独特体验"是新课程的一个重要理念，课程标准是从人文内涵的角度提出来的。其依据是，因阅读者自身素质条件、个性条件的不同，个性化阅读对语文材料的反应往往是多元的。而且，语言作品，特别是叙事类、文学类作品其内蕴本身也往往是多元的。接受美学研究成果显示，文本的意蕴框架中往往潜藏着某种"不确定性"，这种"不确定性"给了读者思考和揣测的空间，去寻找其潜藏着的意义，于是就形成了作品的多义性、见仁见智等现象。鉴于阅读文本的这种双重多元性，语文教师自然应该对那些感受独特、感悟独树一帜的学生包容一点。这一方面是对学生阅读主体地位的尊重，另一方面也是对文本解读结果本身就存在着多种可能性的认同。

尊重学生的独特感受，这个问题还有第三个值得注意的缘由。那就是，在课堂教学中，即使教师当场就能够确认学生的某个感悟、认识是错误的，但也要从呵护学生独立思考、敢于标新立异的角度出发，进行灵活处理。在这种情况下，尊重不等于观点上、事理上的认同。在教学中如果出现了这样的情况，教师应将问题正确答案的澄清暂时搁置，提示学生其观点还有待进一步论证。让教学活动继续在下一个阶段上展开。

但是，上面讨论的"尊重学生的独特感受"也是有边界的。如果学生的感悟有认识上的错误，并且事关大的原则或者是非、品质问题，这种情况下如果教师给予学生默认，或者干脆回避，讨论其他问题，对学生的这种错误认识没有态度、不予纠正，就可能会给这个学生以及其他同学的思想认识、个人品质带来负面的影响。因此，教师不应该回避问题，应该考虑用适当的、学生比较能够接受的方式（包括时机），说明自己的观点，纠正错误的认识。来看下面这个案例。

根据三年级习作教学总目标要求："能不拘形式地写出见闻、感受、想象"，一个教师选择了统编版三年级上册习作《我来编童话》，作为小组合作习作的教学内容。这个选择很契合学生对童话故事的浓厚兴趣，合乎他们对童话故事的天马行空的丰富想象，以及他们纯真率性的情感表达习惯。

（教师在黑板上出示作文题目：

我来编童话

国王　　黄昏　　　厨房　　啄木鸟　　冬天

星期天　森林超市　玫瑰花　小河边）

师：现在咱们以小组合作形式编写童话故事吧。一个同学说，其余同学要认真听，给出建议哦！

学生小组合作讨论编写故事。（以 B 组讨论实录为例）

生1：我选择"黄昏""国王""厨房"外加"王后""厨师"这几个关键词编在故事里。题目是《聪明的厨师》。故事大概内容是：黄昏时候，国王来到厨房命令厨师——谁能够让王后恢复食欲，我就授予他官职和 1 000 英镑。最后有一个厨师做出了一道使王后开胃的菜肴后，他便发财了。

生 2：我觉得你的故事情节曲折性不够，我想将国王想象成不守承诺的国王，由于他并没有兑现自己的承诺。厨师找国王谈判，国王根本不理会他。后来厨师在王后的饭菜中下了毒，国王不得不兑现诺言求得厨师手中的解药。

生 3：你的想法太好了，但是人物之间的对话、动作等方面描写很重要哦！

生 4：我想写关于"玫瑰花"的童话故事，但不知道怎么写。①

生 2 的"投毒换取国王让步"的想法是完全不可取的！该案例原文中没有显示教师做了什么处理，这令人忧虑。在阅读教学中，无论我们怎样主张和强调教学的开放性，怎样重视培养学生思维的想象力和创造性，都必须守住教育的思想品质和道德情操底线。当然，鉴于小学生思想意识的不成熟，如果偶尔发生此类的认识错误，教师还是应当采取比较温和的态度，循循善诱的方式来帮助学生自我纠正。

---

① 周娟：《小学语文小组使用习作教学的案例研究》，《淮北师范大学学报》，2020 年第 6 期，第 31 页。

第六章

语文教学新境界：智慧教学

第一节 智慧教学环境

"智慧教学环境"是指开展智慧教学的信息技术条件和人文教育条件之和。智慧教学环境是智慧校园环境的一部分，它是依凭智慧校园环境而发挥其教学作用的。

一、智慧校园建设目标

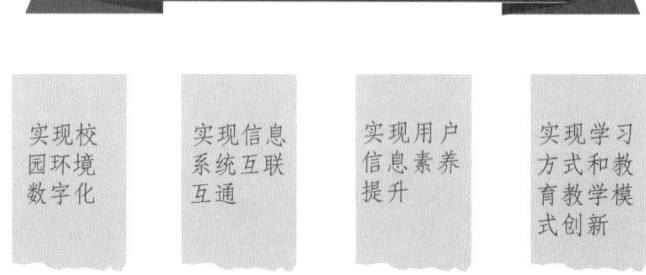

图 6-1 智慧校园建设目标

[图片资料来源：教育部《中小学数字校园建设规范（试行）》图解版]

如图 6-1 所示，智慧校园的建设目标包括：

1. 实现校园环境数字化；
2. 实现信息系统互联互通；

3. 实现用户信息素养提升；
4. 实现学习方式和教育教学模式创新。

二、智慧校园的基础设施为智慧教学的信息化应用提供技术支撑

智慧校园的基础设施如图 6-2 所示：

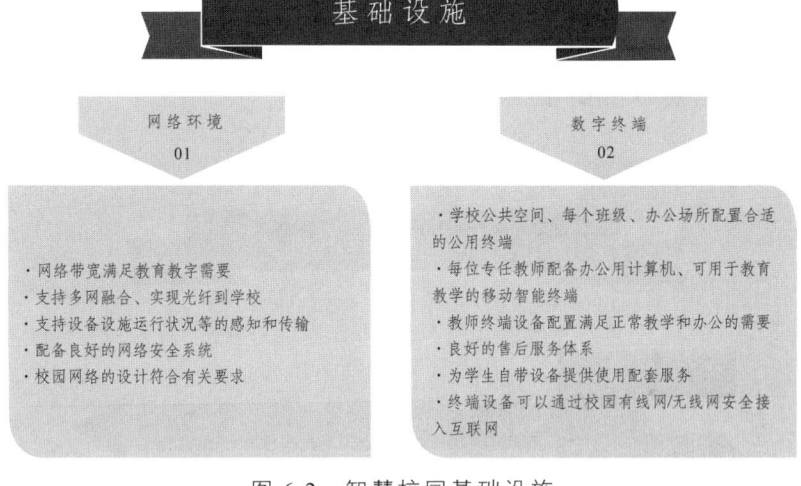

图 6-2 智慧校园基础设施

［图片资料来源：教育部《中小学数字校园建设规范（试行）》图解版］

如图所示，智慧校园基础设施包括两大组成部分：

一是网络环境，包括以下功用：

1. 有线网络覆盖学校，无线网络支持教学和办公；
2. 网络带宽满足教育教学需要；
3. 支持多网融合，实现光纤到校；
4. 支持设备设施运行状况的感知和传输；
5. 配备良好的网络安全体系；
6. 校园网络的设计符合有关要求。

二是数字终端,包括以下功能:

1. 学校公共空间,每个班级、办公场所配备合适的公用终端;

2. 每个专任教师配备办公用计算机,可用于教育教学的移动智能终端;

3. 教师终端设备配置满足正常的教学和办公需要;

4. 良好的售后服务体系;

5. 为学生自带设备提供使用配套服务;

6. 终端设备可以通过校园有线网/无线网安全接入校园网。

三、智慧校园的信息化应用

如图 6-3 所示:

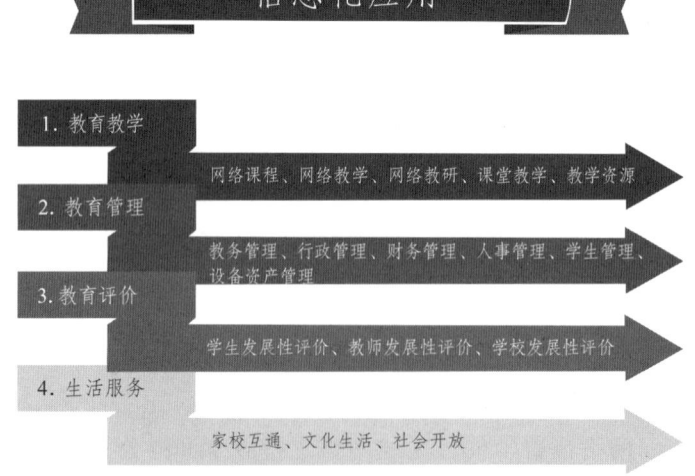

图 6-3 智慧校园信息化应用

[图片资料来源:教育部《中小学数字校园建设规范(试行)》图解版]

教育教学的信息化应用(即智慧教学)是智慧校园信息化应用的一部分,包括网络备课、网络教学、网络教研、课堂教学、教学资源。其中的"课堂教学"即此章所指的智慧教学。正是由于课堂教学是处于和利用智慧校园信息技术应用环境的,所以应称之为智慧教学。图6-3中的"教育评价"也部分和智慧教学相关。

传统学校教育概念下的教学环境,大部分指向教室环境,它是一个相对集中,简约,易组织、管理较多人数的人群,进行集约化授课的物理环境和教育生态环境。教室环境对教学活动的有效开展也有着重要的影响。教育史上班级授课制的出现促使现代意义上的教室产生。可以说教室是现代工业化进程的产物,自其诞生后的若干年间基本保持着原有状貌,其优势与弱势也随之保留下来。然而随着以多媒体设备、互联网技术为主的信息技术逐渐渗透到教学活动中,教室的技术构建和文化底色也面临着巨大的变革压力,"教室"和"教学环境"的概念及其关系也发生了相应的改变。

第二节 智慧教学特征与模式

一、智慧教学的主要特征

(一)良好的阅读体验

传统阅读教学使用的教科书和参考资料都是印刷文本,师生在教学中需要逐页翻阅,这是一种单一依靠书面文字的、线性的阅读方式。而智慧阅读则可以通过超链接的方式,方便快捷地获取需要的文本、图片、视频、音频等各种形式的阅读资源进行阅读。这种新型的阅读方式摆脱了时空与环境的制约,摆脱了纯书面文字的表达、呈现局限,实现了阅读者使用其所具有的多种感觉,针对学习任务的集体参与。这样的阅读体验显著地优于传统的阅读体验。

(二)实时的阅读交流

在传统阅读教学中,学生因为缺乏互动和交流的渠道,难以与教师和同学进行交流,因而教学中的疑难问题不能及时得到帮助和解决,与学习课题有关的一些意见和建议也没有机会表达出来。而在智慧教学环境中,学生可以即时与教师、同学进行多屏互动交流。讨论疑难问题、了解相互的学习情况、交流可资参考的经验和信息材料。在智慧教学中,教师与学生同屏,也有助于师生理解对方意图,有助于问题的及时发现和解决。

（三）学习辅助资料的自主选择

传统阅读方式中,阅读仅限于逐字逐句地阅读印刷文本文字信息,学生处于"被动阅读"状态。而智慧教学中阅读平台丰厚的资源环境则提供了学生可以灵活选择教材以外学习辅助资料的可能性,他们可以自主且方便快捷地获取所需要的各种内容、多种呈现形式的阅读材料,实现针对性阅读和个性化阅读。这显示了智慧阅读大大不同于、优于传统阅读方式。智慧阅读平台还可以通过个性化阅读测评,获取阅读者的背景知识情况和阅读能力水平,从而有针对性地推送阅读材料和阅读指导。学生还可以与阅读终端进行积极的互动,随时可调动知识库,解读阅读遇到的问题。这样的阅读资源丰富,是主动的、即时获取的,从而也是高效率的。

（四）即时的学习管理

目前智慧课堂环境中最常见的学习终端就是 Pad。在智慧阅读过程中,"电子书包"系统能够自动记录学生的学习表现,记下学生如何做笔记、写批注、参与小组讨论等情况。"电子书包"还能够随时记录学生使用的生成性资源,包括文字材料、视频、音频等,形成他们自己的学习档案。教师通过"电子书包"充分地了解学生的情况后,可以产生对全班学习概况的印象。据此,可以当即干预、调整教学进程,或者就学生学习的普遍困惑进行讲解说明,添加必要的参考信息,帮助学生对困难问题进行判断或选择。或者安排下一阶段的学习内容。

如果学生的学习状态反映教学内容过浅，提不起兴趣，则可以提出新问题的方式适当调整其难度。

二、智慧教学改变传统（常规）课堂教学格局

有了云计算和大数据等关键技术的支撑，智慧教学平台就能够为学生、为教师提供更好的教学服务。这就给课程标准主导的"自主、合作、探究"的学习方式增添了较大的推动力和帮助。从近年来使用智慧课堂模式进行教学的实践与效果来看，与传统（常规）课堂教学相比，发生了以下变化：

（1）教师角色的改变。在传统（常规）教学中，由于教育资源掌握在教师手中，信息的不对等使得学生被动等待"被安排"，要进行"主动"的学习是困难的。而在智慧课堂中，教师不再是唯一的知识源，云平台是获取知识的"宝库"。在此情形下，师生实际上都处于更加主动的位置上，教师已然能够更好地扮演启导者、引领者的角色。

（2）学生学习方式的改变。在传统（常规）教学中，学生"听命行事"地跟着老师安排的学习节奏走，这种"大势"往往导致他们学习的被动局面。而在智慧课堂中，学生人手一机，有"本事"、有机会根据自己的关注点，结合教学课题解决的目标要求做出恰当的选择，学习的主体性、主动性增强了。当然，学生的自主选择不可能总是正确的，这需要一个"磨合"的过程，应该让他们在游泳中学会游泳。

（3）学习资源幅度的改变。在智慧课堂中，学生的学习资源不再局限于课本，还拥有开放的来源。首先是教师推送的、围绕教学主题的助学信息，同时，也可以是音频、视频、文字、图画等来自众多信息平台的资料，或者学生从云平台、互联网自行搜索的其他有用信息。教师有计划有选择地进行信息推送，或者学生根据需求和兴趣自主选

择有关信息，是助学信息获取的两种主要方式。

（4）学习内容外延和学习时段外延的改变。由于丰富学习资源的推送，以及获取资源的渠道的开拓，使得学生对教材学习主题、核心知识概念等方面涉及的外延性知识范围大为扩大。另一方面，学生出于兴趣、好奇等原因将课内教学内容和关注点带到课外继续关注阅读、浏览学习，也形成了另一种性质的外延。

智慧课堂学习模式带给学生的影响和变化最重要，然而又最易于被忽略的是学生学习观念和学习方式的变化。在传统（常规）教学方式经年累月地持续进行中，学生对于"什么是学习"，概念上打上了离不开"学校""教师""课本"和"作业"的烙印。智慧教学通过网络平台的助力，使学生意识到了学习是不必完全受制于学校、老师、课本和作业的。

教师也应该有意识、有计划地为学生创造更多更好的学习通道、学习资源，并给予学习指导。在教师的指导中，应特别注意提醒学生，不能被网络上的娱乐性内容，特别是网络游戏所迷惑，更不能沉迷于其中。要尽早地发现或培养学生形成建立在知识和兴趣爱好之上的，有个性的和专一的，有助于推动知识学习积累和能力养成，推动学生将来专业发展的、持续的兴趣爱好和学习习惯。

第三节　智慧教学案例分析

一、《梅兰芳蓄须》教学案例

这篇课文是略读课文（统编版教材四年级语文上册第23课），内容是写抗日战争时期，梅兰芳先后四次用了多种办法，拒绝为日本人演戏的真实故事，表现了梅兰芳高尚的爱国情感和坚定的民族气节。教师针对略读课文的教学要求，利用智慧教学的灵活手段，简洁而生动地组织了一堂课的教学，调动了学生的兴趣，读懂、掌握了故事的主要情节，树立了梅兰芳忠贞爱国的崇高形象。

以下是教师四次调用智慧教学方法和工具实施教学的片段：

（教师使用了四幅京剧脸谱，组织学生进行脸谱游戏，让学生初步感知京剧脸谱颜色的大致区分，唤起了学生对未知领域——"京剧宝藏"的兴趣）

师：其实，京剧中的人物很多，而且扮相都相当精美，令外国人啧啧称赞。（播放视频）

【设计意图】 由金、黑、白、红四张脸谱的精彩呈现，到京剧扮相的一一揭秘，从台前到幕后，学生的好奇心被激发，学习的期待和冲动蓄势待发。

此时教师第一次使用了智慧教学工具——播放脸谱视频。动感的京剧人物形象更激起了学生对京剧的兴趣和好奇心。

师：京剧被称为中国文化四大国粹之一，它的学问可多啦。老师这里有三个词语，谁来读？（出示：京剧、旦角、梅兰芳）

（生读）

师：老师这里有一个资料包，我想请同学们结合资料包所提供的信息，用这三个词语说一句话。

（出示资料包：京剧是中国影响最大的戏曲剧种。它分生角、旦角、净角、丑角等角色，旦角是其中的女性角色。梅兰芳男扮女装，唱旦角，创立了影响深远的"梅派"表演艺术。）

生：梅兰芳是京剧旦角表演艺术家。

【设计意图】 通过这一环节，让学生对课文主要人物梅兰芳有一个准确的定位和了解。

教师"出示资料包"，第二次使用了智慧教学资源，传送到每个学生手中的智能终端（Pad）上，学生阅读了解到梅兰芳其人的身份角色和社会影响。这是梅兰芳在学生心中的第一个印象。

（教师和学生一起阅读讨论了梅兰芳蓄须拒演的故事）

师：谁来说一说这篇文章的"导学提示"包含了哪几个内容。

生：① 坚决不去演戏，梅兰芳想到了哪些巧妙的办法？② 有哪些难题摆在了梅兰芳面前？③ 查找资料，深入了解梅兰芳大师。

【设计意图】略读课文如何高效学？学生往往不得其要。揭示略读课文的学习方法——利用"导学提示"学，为学生学习此类文章打开了一扇窗，推开了一扇门。

师：请看"导学提示"的第一个要求，默读课文，思考梅兰芳用了哪些办法拒绝为日本人演戏。请将相应的词语填入表格。（出示表格，小组交流）

全班交流，完成表格。

时间	拒绝办法
1937 年	藏身租界
1938 年底	远避香港
1941 年 12 月	蓄须明志
一次，日本侵略军要求梅兰芳必须上台演出	打针装病

【设计意图】在读懂课文的基础上，让学生以小组为单位，完成表格内容的填写。学生对课文的理解逐渐清晰，走向深入。

（教师按照略读课文的教学方法，引导学生根据"教学提示"理清了三个要点之后，再次利用智慧教学工具，向学生推送了"表格"。表格是从故事发展进程提取出来的梅兰芳拒绝为侵略者演戏的主要故事梗概）

师：这个单元要求我们学习把握整篇文章的主要内容。如果文章只写了一件事，很简单。但是，这篇文章写了好几件事，你觉得应该怎么办呢？

生：合并。

师：对文章主要内容的把握，先要弄清楚写了哪几件事，然后进行合并。下面我想请大家借助表格，试着把这四件事合并起来。

（出示表格之前，教师先引导学生整理梅兰芳拒演的四件事，之后才第四次使用智慧教学工作向学生出示了表格）

时间	拒绝办法	经历的危险和困难
1937年	藏身租界	日军纠缠
1938年底	远避香港	不能演出、创作、虚度生命
1941年12月	蓄须明志	受到逼迫、骚扰，卖房度日
一次，日本侵略军要求梅兰芳必须上台演出	打针装病	险丢性命

【设计意图】引导学生一步步说出文章主要内容。揭示单元主旨，把握文章主要内容。层层剥笋，学生在表格的帮助下，初步掌握"多件事串联起来"就是把握文章主要内容的一种重要方法。

……

全文教学紧凑而又简洁，生动而不花哨。课中有多次师生对话讨论、学生小组合作完成填写任务、全班学生合作讨论议题，而智慧教学的信息技术手段、工具也四次运用，即时地给学生推送了营造范围的视频、了解主角人物角色形象的资料包、理清全文主要情节线索框架让学生填写的"表格"。智慧教学工具和方式在营造学习氛围、及时提供、补充助学资源、帮助学生理清学习线索、推动全课深入进展中发挥了积极作用有声有色、简洁明了地完成了教学任务。[1]

---

[1] 丁伯春：《智慧学习在这里发生——"梅兰芳蓄须"教学》，《小学教学设计》，2021年第12期。

二、"预测策略"教学案例分析

统编版小学语文教材编排了四个阅读策略单元见表6-1：

表6-1 统编版小学语文教材中的四个阅读策略单元

预测策略	三年级上册第四单元
提问策略	四年级上册第二单元
提高阅读速度策略	五年级上册第二单元
有目的地阅读策略	六年级上册第三单元

将阅读策略作为一个单独的板块进行教学，凸显了教材编者对阅读策略教学的重视。至此，过去人们经常泛泛而谈的"教会学生学会阅读"，才算是真正可靠地落到语文教材教学的实处。

阅读策略，是指阅读主体为提高阅读效率而有意识地对阅读活动进行调节和控制的一系列谋略。我们所说的培养学生阅读能力，其实质性的目标应当是建立在学生阅读实践经验基础上的阅读策略的建构。阅读策略应用水平是影响阅读能力、阅读效果的重要因素，掌握科学的阅读策略，是学生提高阅读能力的有效方法之一。《义务教育语文课程标准（2011年版）》虽然没有明确提出"阅读策略"这一概念，但阅读教学目标中已经触及了一些具体的阅读策略。

小学阶段是学生开始学习阅读、逐步学会阅读的启蒙、起始时期，也是学习阅读策略的黄金时期。然而，阅读策略的习得不是一项很容易的学习任务。作为一种重要的语文阅读能力，其本质属性是阅读规律性与阅读灵活性的高度契合，是充分的阅读实践经验体悟与深度理性概括的结合。阅读策略的有效习得必须扎根于具体阅读环境，立足于与阅读材料的充分磨合，仅凭教师抽象概括的讲解是无济于事的。因此，教师要善于将此学习项目的教学安排指向学生对具体文本材料的阅读操练。从学生的角度看，其要领则是将模仿应用与发现建构相结合。

然而，传统（常规）语文阅读教学授受模式的单一、教学资源的匮乏和知识信息提取渠道的不畅，却正好与策略教学的必备条件相悖，非常不利于阅读策略教学与训练。那么，怎样才能上好新教材这四个单元的阅读策略课呢？

智慧教学能够提供一条很好的出路。相较于传统（常规）教学，智慧教学有一些突出的优势。其中，基于现代先进信息传播、交流工具的丰厚且方便搜集的资源环境，以及伴随全课教学的且方便到每一个、每一对、每一组学生和全体师生的互动环境，正好可以弥补传统（常规）教学方式的不足。"预测策略"课的整个教学过程都可以在智慧教室的技术支撑之下展开。在学生接触阅读材料的起始，教师就可以在丰富的数据库中选择有关该课文本内容的学习参考资源，推送到学生掌握的学习终端（Pad）。在学生的阅读活动中，教师还可以借助即时得到的反馈信息，了解学生的阅读情况。必要时通过适当措施引导或纠正学生的阅读思考路径，让学生的阅读进程贴近文本，关注教学目标指向的文本区域或细节（体现文本思想意旨或表达方法，或者文本中具有特征性的语文要素等），从不同角度展开。这样，学生既会感受到阅读任务的驱动力，又能够体会到文本材料人文内容、人文话题的吸引，从而获得阅读求知的方向感和乐趣。

（一）《总也倒不了的老屋》教学案例

统编教材三年级上册第四单元是预测策略单元，教材针对"预测策略"编排了《总也倒不了的老屋》《胡萝卜先生的长胡子》两篇饶有趣味的课文。课文故事中的情节总是令人感到意外和迷惑不解。

《总也倒不了的老屋》这样叙述故事：

老屋已经活了一百多岁了。它的窗户变成了黑窟窿，门板也破了洞，很久很久没人住了。"好了，我到了倒下的时候了！"它自言自语着，准备往旁边倒去。

"等等，老屋！"一个小小的声音在它门前响起，"再过一个晚上，行吗？今天晚上有暴风雨，我找不到一个安心睡觉的地方。"

图中的老屋看上去那么慈祥，它应该会答应吧！

……

老屋第一次按照小动物的请求坚持屹立不倒，第二次在将倒未倒时又遇到别人的求助又坚持未倒，故事就这样一次又一次地制造了悬念。教材单元页的"语文要素"提示语："一边读一边预测，顺着故事情节去猜想。学习预测的一些基本方法。尝试续编故事。"

那么，教师应该怎样指导学生去猜想、预测故事的进展呢？有老师设计了这样一个"阅读预测单"：

表 6-2 《总也倒不了的老屋》阅读预测单

情节	求助者	求助原因	我的预测结果	我的推论理论（证明）
第一次	小猫			
第二次	老母鸡			
第三次	小蜘蛛			

通过智慧教学平台将预测单推送到学生 Pad，让学生循着预测单梳理的信息框架，逐项填写，进行预测。学生认真阅读文本，饶有兴趣地推测故事的进一步发展——老屋总也倒不了，怎么回事呀？是孙悟空变的法术吗？它下一次会倒下吗？有趣的问题情境引导学生凭借自己通过课文内容掌握的情况，展开活跃的大脑思维，大胆预测，填写策略单并传送提交。

我们可以清楚地看见预测单上五个内容项目及其相互关系。其中后两项涉及"预测结果"和"推论理由"之间的逻辑关系。这种填写表格式的阅读进行方式类似于给学生一个学习思考的框架。伴随着学生的文本阅读进程，引导学生抓住故事主要角色、主要情节发展阶段和细节状貌，形成自己的预测思路和结果。这样，学生可用从中得到"怎样通过已读线索进行预测"的启示。

（二）《胡萝卜先生的长胡子》教学案例

课文中的故事是这样：红萝卜先生刮胡子时漏掉了一根胡子，这根胡子越长越长。红萝卜先生在路上走时，一个小孩剪了一段胡子做风筝线。红萝卜先生继续在路上走，长胡子还在路上飘动……

课文中的故事内容到此为止了。教材上接着呈现了一个问题："故事还没有结束，你认为后来可能会发生什么事情？你为什么这样想？听老师把故事讲完，看看自己的预测和故事有哪些相同和不同。"

教师也设计了一个给学生阅读课文时填写的预测单：

图6-4 《胡萝卜先生的长胡子》阅读预测单

通过智慧教学平台将阅读单推送到学生Pad，让学生循着预测单梳理的信息框架，逐项填写，进行预测。需要填写的第一项"放风筝男孩"之后的"怎么样"依照课文叙述的故事情节填写就行了。第二项就必须借助于类比方法发挥想象力，来进行"怎么样（结果）"的猜想预测才能填写。再往下，从关于故事的情节"发展"开始就要填写了，这时就必须借助两种能力——想象力和类比推测的能力，才能填写出预测答案来。这样，我们再次看到了阅读预测单的作用：一是通过电子通道迅速给出一个框架，起到引领思考的作用；二是通过对学生填写预测单的记录显示掌握他们的学习进展，出现的问题或遇到的困难，以便随时干预处理；三是给予学生随时可以互通联系、交流探讨的方便，以及老师随时插入进程与任意一个或多个学生交流的机会。

这样的方式，比起黑板上板书、全班集体统一听取同样的讲解指导来要灵活得多，针对性更强，给予学生个性阅读的空间和机会也就更多，教学的质量和效率就会更高。

同时，"阅读预测单"的设计使用也很必要，因为它十分符合学生的心理特征和认知规律。小学三年级的学生年龄尚小，他们的大脑思维主要还是处在形象思维阶段，抽象思维能力才刚刚启蒙，要能够建立事物发展变化的因果联系、推测这样的思维方式，还是有不小难度的。因此，设计"预习策略单"给学生提供认识思考框架的方式，应该说是非常必要和巧妙的。

第四节　从三个课例看智慧教学的基本路径

语文智慧教学是新型教学形式（基于现代信息技术、人工智能的方法、手段）与具体语文教学课题的动态合作。三个案例的共同特点，就是教师善于用好智慧课堂的技术手段，以教材文本内容及其语文表现特点为基础，设计一系列体现教学内容关节点、知识课题关键点、次序情节连接点、语文表达突出点，且方便进行信息推送交流、文字编辑操作、可测评的资料包、策略单、任务表格等之类的，适时推送给学生，为学生搭建理清阅读思路的"脚手架"。教学案例的教学经验说明，基于智慧课堂的阅读教学，在阅读形式上，应构筑联通线上线下、结合课内课外的阅读环境，让语文阅读教学操作突破时空壁垒和信息屏障，建立起立体的、多功能的、四面八方畅通的智慧教学架构和秩序。

一、课前导读进行辅助学习资源的推送，以帮助学生对文本整体了解、初步感受为重心

教师根据教学内容、遵循教学目标和学生学习认知规律，设计资料袋、助读书目、策略单等助读材料，提供参考资源、呈现预习任务、提示阅读思考路径，推送给学生。学生的预习活动主要通过智慧学习电子信息平台完成，上传至平台。教师根据平台反馈的学生预习数据，及时了解学生对课文的熟悉和理解程度，其中有些什么困惑，有些什么错误。据此智慧课堂教学的目标和重点，课中阅读资源的推送范围，以及权衡课后练习的安排、要求。

二、课中教学以师生、生生互动为主

在智慧课堂教学阶段，在经历了参考资源助读，已经了解教材整体内容框架的基础上，应该突出教学重点，争取当堂取得突破。而突破的形式，则应以智慧课堂提供的信息化先进手段，展开师生、生生对话为主。讨论的话题和内容，不离开教学的主题。例如在预测单元课文的教学中，可以继续进行课文故事情节发展的预测交流。如果此话题已经没有什么新意，教师还可以放开思路创设新的故事情境和预测话题，获得同一训练主题的新鲜感受。这样，就能够较好地调动学生的交流讨论兴趣。教师还可以根据需要，有选择地推送图片、视频等，创设生动有趣的教学情境。

课内交流对话应在教师的主导下进行。要允许全班生生自由交流，给予机会和一定的时间。但教师也应该掌握全局的态势，既不能流于形式、散淡无味，又不能太过偏离主题。在这两种情形之下教师都应该进行干预调节。师生交流之际，教师应该设计好话题焦点，既与该课教学任务相关，又可以进行适当的延展，牵连到同类话题。

三、课后学习指导以个性化辅导为重点

课后学习指导中涉及课堂主题的师生活动,不能简单重复课内的教学内容和学习方式。如果学生在课后还保留着一定的兴趣,应该理解为学生对此类故事话题具有个人兴趣的表现。此时,教师的辅导和师生交流应该以个性化辅导为重点。例如,根据学生的兴趣,《梅兰芳蓄须》话题材料可以延展到抗日战争时期的其他著名历史人物事件,教师可在智慧课堂丰富的资料库中查询类似材料推送给学生,在不同特色和不同条件下重温智慧课堂中教学探讨的主题。课后涉及同类人物故事不是炒冷饭,而是换了一道菜,重新开始品尝。

后　记

　　我从事小学语文教学工作转瞬近 40 年！语文似色彩缤纷的花园，语文像意境深远的油画，语文如旋律优美的音乐，始终陪伴着我。近年来，我常想：都要退休了，把几十年语文教育体验整理一下吧，这不仅是对自己职业生涯的一个总结，也可以同在小学语文教学平台上奔跑的年轻战友交流分享。为此，我搜集了一大堆语文教学资料。但是，烦琐的事务与慵懒的心情始终困扰着我，没有动笔成文成书。

　　2021 年夏天，中共中央、国务院办公厅发布了《关于进一步减轻义务教育阶段学生作业负担和校外培训负担的意见》(以下简称《意见》)。学习这份文件后，我再次对中华人民共和国成立以来小学语文教育的历程，尤其是今天小学语文教学的现状进行了反思。语文教学为什么要"双减"？语文教学如何面对"双减"？"双减"后语文教学的出路在哪里？为什么《意见》把语文"阅读"列入"双减"后的时空中？

　　基于此，我重拾案头搜集的语文教学研究资料，重回语文教学历史时空，对语文教学的前世今生进行理性梳理。

　　语文，即语言文字、语言文章和语言文学的概括表述。其记录人类文化活动及其产品，是人类思维活动、信息传播及交际活动的工具。

　　从我国近代到当代，语文教学经历了一个缓慢却又渐次改革提升的发展过程。从清末的因袭传统、沿袭古代"讲诵式"的教学模式，到"甲午海战"后的"中体西用"，再到吸纳西式方法渐至全盘西化。后来终于又在"白话文运动"和"五四运动"的影响、鞭策下，形成了"读文重欣赏，表演，取材以儿童文学为主"[《新学制课程标准纲要小学国语课程纲要》(1923)]的思想。这是一个重大的进步。小学阅读教材的选编立足于儿童视角，教法也不再盲从西方，人们探讨试验用新法教授国文。至此，具有本土特色的语文阅读教学模式渐露雏形。然而，这一进步的发展前进过程仍然是曲折迟缓的。至清末，语文阅读课堂中教师仍然忽视阅读学习中学生的人文素养和语文要素全面结合"内化"的过程，教师擅用讲解法，在讲台上侃侃而谈，忽略了帮助学生深入体会、领悟教材。文章阅读中，其主要脉络、核心意旨，教师往往和盘托出，代替了学生思考。

好在随着对教学活动本质的认识逐步加深，人们逐渐意识到学生的个人体验才是提升阅读教学效果的关键。1923年，《新学制课程标准纲要小学国语课程纲要》中规定，阅读教学要"引起读书趣味，养成发表能力"突出了"从鱼到渔"的思想，教育者的视角在专注"能力本位"中探寻，小学语文阅读教学逐渐实现了近代转型。

中华人民共和国成立以来，基础教育语文教学从理论到实践均取得了长足的进步。（历次语文教学大纲和语文课程标准的编拟和修订就是明证）语文教学在文化传承、人才培养、科学技术推进和经济建设发展等国家各行各业中发挥了巨大的、不可缺少和不可替代的作用。语文教学在当代发生的深刻思想变革和认识跃升，是以语文课程标准［2011年发布第一版，后经多次修订，最新版为《义务教育语文课程标准（2022年版）》］的编订为标志的。《义务教育语文课程标准（2022版）》对语文课程的功能做了全新的界定："语文课程致力于全体学生核心素养的形成与发展，为学生学好其他课程打下基础；为学生形成正确的世界观、人生观、价值观，形成良好个性和健全人格打下基础；为培养学生求真创新的精神、实践能力和合作交流能力，促进德智体美劳全面发展及学生的终身发展打下基础。语文课程在推进普及国际通用语言文字、增强凝聚力、铸牢中华民族共同体意识，建立文化自信、培育时代新人，实现中华民族伟大复兴等方面具有不可替代的优势。语文课程的多重功能和奠基作用，决定了它在九年义务教育中的重要地位。"

《义务教育语文课程标准（2022版）》最引人瞩目的内容，是它对语文学科性质特点的概括："语文课程是一门学习国家通用语言文字运用的综合性、实践性课程。工具性与人文性的统一，是语文课程的基本特点。语文课程应引导学生热爱国家通用语言文字，在真实的语言运用情境中，通过积极的语言实践，积累语言经验，体会语言文字的特点和运用规律，培养语言文字运用能力；同时发展思维能力，提升思维品质，形成自觉的审美意识，培养高雅的审美情趣，积淀丰富的人文底蕴，继承和弘扬中华优秀传统文化、革命文化、社会主义先进文化，增强对习近平新时代中国特色社会主义思想的理解和认识，全面提升核心素养。"

这段话概括叙述了语文教学所涉及的两个基本方面，一是"培养语言文字运用能力"，二是"发展思维能力，提升思维品质，形成自觉的审美意识"。课程标准概括道："工具性与人文性的统一是语文课程的基本特点"。课程标准对此的明确论断，结束了数十年来关于语文课程性质特点的反复论战，使得教育理论研究界、语文教学界，以及关心语文教育的文化界、文学界，对语文课程和语文教学的观察、研究，有了比较明确的视野和逻辑起点。从而，也给语文教材的创编明确了价值取向和路径。课程标准的这一论断也是本书阐述问题的一个理论基点。

由于本书动笔缘起"双减"，本书第一章讨论"双减"；第二章讨论语文"人文性"与"工具性"统一下的语文教材与教学；第三章讨论统编小学语文教材生态系统；第四章讨论语文阅读教学的几种范式；第五章讨论语文教学的方法技能与体验感悟；第六章讨论基于人工智能的语文智慧教学。这些都是目前语文教学领域备受关注的热点或焦点。

课程标准指出了"实践性"是语文教学的基本属性之一。本书力图在一定的理论探讨中密切结合教学实际，选用和分析讨论了较多语文教学案例，对统编小学语文教材的一些方面，也结合教学实践的需要，进行了分析讨论。

本书写作，参阅转引了部分专家与老师的著作文章，得到了贵州师范学院吴俊教授，王先华教授的指导，在此深表谢意！限于笔者的功力与水平所限，其中错漏在所难免。希望读到此书的同行朋友们多多批评指正！

刘明蓉

2022 年 7 月 1 日